쉬어
달리기

쉬어 달리기

되어 가는 삶,
멈추어
묻고 답하다

김지영

파지트

프롤로그

잠시 멈춰도 괜찮아,
제대로 가고 싶다면,
나답게 살고 싶다면.

이 말을 스스로에게 해주기까지 오랜 시간이 걸렸다. 속도를 늦추면 무언가 놓쳐버릴 것 같았고, 멈추는 것이 무능함으로 느껴졌다. 그래서 멈출 수 없었다. 하지만 멈춤을 연습하고 그 가치를 몸소 느낀 뒤에야, 비로소 이 말을 당신에게도 건넬 수 있게 되었다.

끝없는 성취와 성장, 비교와 경쟁을 부추기는 사회는 우리를 쉬지 않고 달리도록 몰아붙인다. 일이 끝나기도 전에 다음 일을 시작하고, 번아웃이 와도 회복할 틈 없이 계속 달린다. 삶의 방향이 흐려졌다고 느끼는 순간에도 '계속 가다 보면 괜찮아지겠지'라는 생각으로 우리는 멈추지 않고 나아간다. 그러다 어느 순간, '나는 왜 이렇게 살고 있을까?'라는 생각이 들면서 방향을 잃고 헤매는 자신을 발견하게 된다.

속도를 늦춰야 비로소 보이는 것들이 있다. 외부의 소음을 꺼야만 들리는 내면의 목소리가 있고, 자신에게 진심으로 솔직해져야 마주할 수 있는 진실이 있다. 빠른 속도 속에서는 삶에 대한 깊은 사유를 할 수 없다.

러닝에는 하루는 뛰고, 하루는 쉬는 '하뛰하쉬'라는 전략이 있다. 근육은 운동할 때가 아니라, 쉬는 시간에 회복되고 성장한다. 우리 삶도 마찬가지다. 지속 가능한 성장은 뛰고 쉬는 적절한 리듬 속에서 가능해진다.

삶에서 필요한 것은 이어달리기가 아니라 쉬어달리기다. 계속 이어달리다 보면 우리는 관성대로 살게 된다. 관성에 갇히면 삶에 대한 새로운 시각이나 가능성을 발견하지 못한 채, 늘 하던 대로 살아가게 된다. 삶의 방향을 잃고 남들만큼은 해야 한다는 기준에 자신을 끼워 맞추며 자신을 끝없이 채찍질하게 된다.

나침반도 방향을 정확히 가리키기 전에는 잠시 흔들린

다. 그 떨림이 멈출 때 비로소 어디로 가야 할지 보이듯, 우리 삶도 잠시 멈추는 시간 속에서 방향이 선명해진다. 멈춤은 단순히 휴식이 아니라, 삶의 전환이 시작되는 틈이다. 그래서 우리는 멈춤을 자주, 의도적으로 우리의 삶에 초대해야 한다.

　이것이 내가 진짜 원하는 것일까?
　이렇게 사는 것이 나에게 맞는 걸까?
　혹시 나에게 더 나은 방향이 있지는 않을까?

　방향을 바꾸려면 반드시 걸음을 멈추어야 한다. 전환은 멈춤에서만 가능하다.

　이 책은 삶의 전환이 필요한 순간에 잠시 멈춰 질문하고 답해보는 시간을 돕고자 쓰였다. 읽다 보면 언제 멈추면 좋을지, 멈추어 어떤 질문을 스스로에게 던지면 좋을지 자연스럽게 생각해보게 될 것이다.
　잠시 멈춰 삶의 방향성을 재조정할 때 비로소 더 나다운 삶으로 나아갈 수 있다. 나답게 산다는 것은 내게 필요한 선택을 외부의 강요나 기대가 아닌 자신만의 기준으로 한다는 뜻이며, 내 삶의 시간과 에너지를 어떻게 쓸지 주도적으로 결정한다는 의미다. 그리고 익숙한 틀에서 벗어나 생각과 행동의 전환을 통해 삶을 새롭게 설계할 수 있다는 것이다.

이 책이 '잠시 멈춰 내 삶을 돌아볼까?'라는 질문을 던지는 마중물이 되기를 바란다. 그리고 더 나답고, 더 단단하며, 더 건강한 삶으로 나아가는 전환의 계기가 되기를 진심으로 소망한다.

당신 삶의 전환을 응원하며,
김지영

목차

프롤로그 · 4

CH.1 멈춤에 대하여
멈춤의 지혜를 연마하는 중입니다 · 15
우리는 왜 멈추기 어려운가? · 18
누구에게나 잠시 멈춤이 필요하다 · 22
멈추어 묻다 · 28

CH.2 내면의 불편함이 느껴질 때
내가 누구인지 혼란스러워 · 34
불편한 감정이 불편해 · 41
계속 채워도 공허해 · 47
나를 계속 계발하는 게 힘들어 · 53
열심히 일하는데 만족감이 없어 · 59

CH.3 익숙한 것이 나를 힘들게 할 때

내가 믿고 있는 것이 정말 정답일까? · 66

긍정에 갇혀 버린 · 73

반복되는 일상이 무의미해 · 79

나와 다른 사람이 불편해 · 85

변화를 꿈꾸지만 변화하기 두려워 · 91

CH.4 나를 사랑하지 못하고 있을 때

남에게는 친절한, 나에게는 가혹한 · 98

그냥 혼자 있고 싶어 · 103

나는 너무 평범해 · 109

언제면 행복해질까? · 116

일을 돌보느라 몸을 돌보지 못하는 · 122

CH.5 삶의 속도가 너무 빠를 때

빽빽한 일정이어야 안심되는 · 130

정보 소비와 업데이트로 바쁜 · 136

빼기를 못하는 · 141

빨리 흐르고 싶어 · 147

지루함을 견디지 못하는 · 153

CH.6 변화의 문턱에 있을 때

한 방에, 한 번에 잘하고 싶어 · 160

나는 왜 다른 사람처럼 안 될까? · 166

롤모델이 없어서 · 171

원하는 대로 되지 않아 힘들어 · 177

이대로 나이 들어도 괜찮을까? · 184

에필로그 · 190

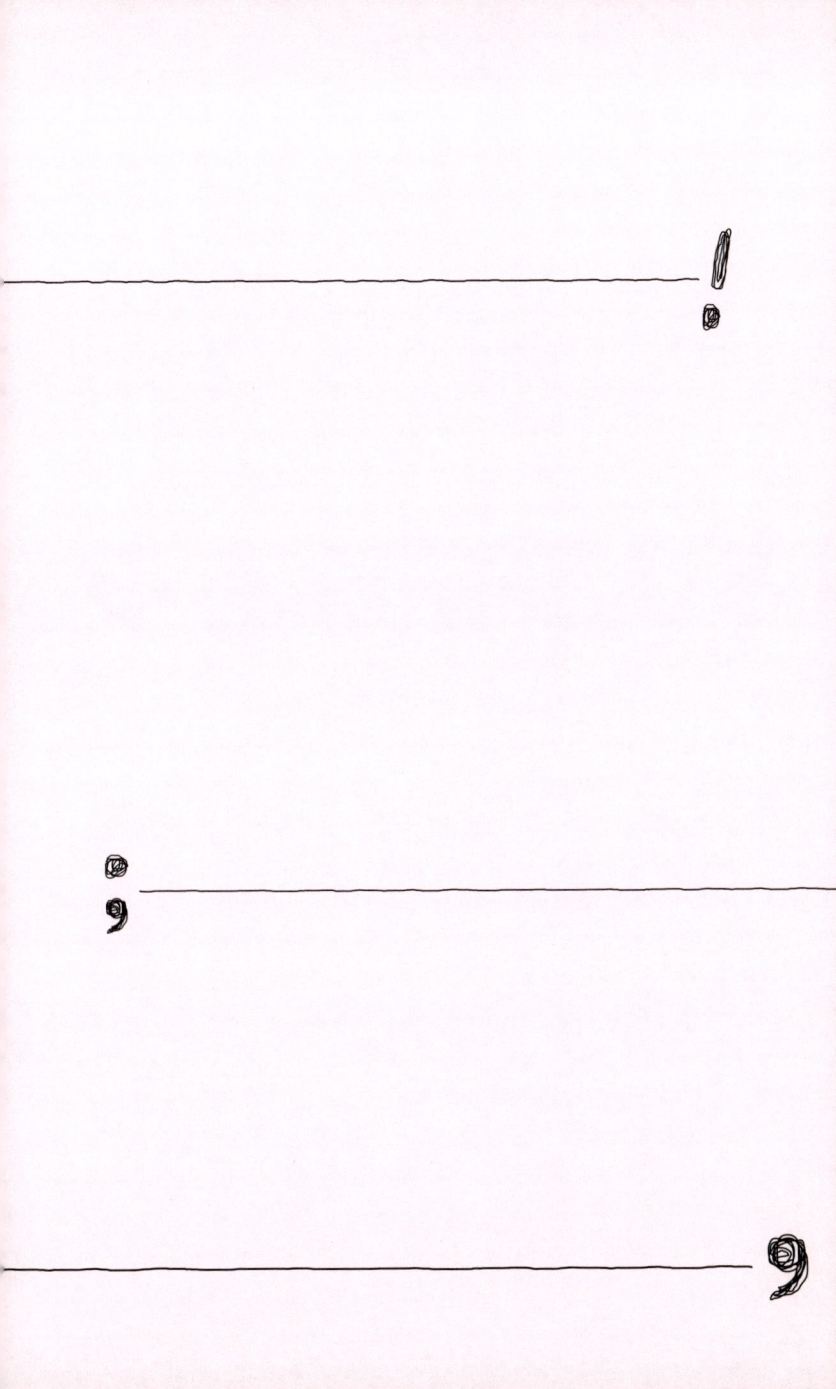

CH.1

멈춤에 대하여

멈춤의 지혜를 연마하는 중입니다

'지금 이대로 괜찮은 걸까?' 이 질문이 마음속 깊이 자리 잡고 있을 무렵, 『위대한 멈춤』*을 만났다. 멈춤을 통해 삶의 전환기를 경험한 사람들의 이야기와 그들의 전환에 용기를 준 도구들을 소개한 이 책은 나에게 나침반과 같았다. 특히 "실험과 성찰을 통해 내면의 가치관과 방향성이 달라지는 과정"을 의미하는 '전환기'라는 단어가 나를 흔들어 놓았다. 오래도록 찾고 있던 것을 발견한 느낌이었다. 마지막 페이지를 덮으며 나는 멈추기로 결심했고, 다

---

* 박승오·홍승완, 『위대한 멈춤』, 열린책들, 2016.

음 날 재직 중이던 대학에 사직 의사를 전했다.

대학 교수가 되는 것은 나의 오랜 목표였다. 미국에서 박사 학위를 받고, 한국에 돌아와 대학 연구 교수와 국가 교육 기관 연구원을 거쳐 마침내 원하던 전임 교수가 되었다. 2년 만에 그 자리를 스스로 내려놓겠다는 결정은 주변 사람들, 특히나 가족들에게 이해받기 어려운 일이었다.

그때 나는 나의 가치와 상충하는 일을 반복해야 하는 상황 속에서 내면의 불편함을 느끼고 있었다. '이건 아닌데…'라는 마음의 소리를 들었지만 행동으로 옮길 용기가 없었다.

네가 불편하다고 느낀다면
잠시 멈춰봐.

『위대한 멈춤』은 나에게 이런 용기를 주었다. 나는 외부의 소음을 끄고, 내면의 목소리에 귀 기울이기로 했다. 일단 멈췄다. 삶의 속도를 늦추고 더 가지려는 욕심도, 더 배우려는 욕망도 잠시 내려놓았다. 내가 무엇을 하고 싶은지, 어떤 삶을 살고 싶은지 천천히 들여다보았다. 그랬더니 내 안에서 성취와 외부의 인정을 얻으려고 늘 앞장서 있던 자아들이 물러서고, 그동안 웅크리고 있던 '호기심' '창조성' '자유'의 얼굴을 한 자아들이 고개 들기 시작했다.

멈춤은 나에게 탐색의 시간을 허락해주었다. 내가 무엇을 잘하는지, 무엇에 기쁨을 느끼는지, 어떤 방식으로 일할 때 에너지가 솟는지를 살펴볼 수 있었다. 그 시간을 거치며 나는 새로운 방식으로 일하는 것을 좋아하며, 가시적인 결과물을 만드는 데서 기쁨을 느끼고, 무엇보다 사람들에게 실질적인 도움과 변화를 주는 일에 열정을 느낀다는 사실을 발견했다. 그래서 내 강점과 욕구에 맞는 방향을 스스로 설정하기로 결심했다. 그렇게 터닝 포인트Turning Point가 되는 러닝 포인트Learning Point를 추구하는 교육회사 TLP교육디자인을 창업하게 되었다.

예전의 나에게 멈춤은 좌절, 실패, 단절, 게으름을 의미했다. 하지만 용기 있는 멈춤을 경험하고 나니 멈춤이 더 이상 두렵지 않았다. 사직이라는 멈춤은 내 삶의 방향을 바꾼 전환점이자 나만의 길을 다시 찾아 나서는 위대한 멈춤의 시작이었다.

우리는 왜 멈추기 어려운가?

우리는 종종 누군가의 '그만둠'을 두고 끈기가 없다거나 충동적이고 무책임하다고 비난한다. 그만둔 사람 역시 죄책감을 느끼거나 자신을 실패자로 여긴다. 왜 우리는 그만두는 것에 이토록 두려움과 죄책감을 느끼는 걸까?

『퀴팅』*의 저자 줄리아 켈러 역시 그만두기Quitting에 대해 두려움을 품고 살다가 어느 날 과감하게 멈추는 선택을 한다. 그리고 몇 번의 그만두기를 거치며 자신만의 새로운 인생을 개척해 나간다. 그녀는 그만두기를 죄악시하는 분

---

* 줄리아 켈러Julia Keller, 박지선 역, 『퀴팅: 더 나은 인생을 위한 그만두기의 기술』, 다산북스, 2024.

위기가 '그릿Grit, 끝까지 해내는 힘'을 지나치게 미덕으로 여기는 문화와 관련 있다고 설명한다.

우리나라에서도 끈기는 중요한 미덕으로 여겨진다. 성실함과 능력을 증명하는 덕목이자, 성공의 필수 요소로 간주된다. 자기계발서나 유튜브 강연에서 그릿은 자주 등장하는 주제다. '열심히 하면 결국 성공한다' '끝까지 포기하지 않으면 원하는 결과를 얻을 수 있다'는 메시지는 우리에게 끊임없이 멈추지 말라고, 계속 달리라고 재촉한다.

그러다 보니 우리는 멈춰야 할 때조차 멈추지 못한다. 멈추는 사람은 이 사회가 이상적으로 여기는 인간상과는 거리가 멀다. 게으르거나 나약하다는 사회적 낙인이 따라붙고, 그만두는 선택은 불안과 죄책감을 동반한다. 게다가 우리는 '지금까지 해온 게 아까운데' '지금 와서 그만두면 손해인데' 하는 매몰 비용에 대한 집착에 빠져 방향이 잘못되었음을 알면서도 기존의 길에서 쉽게 벗어나지 못한다.

때로는 불안에서 벗어나고자 무작정 달리기도 한다. 지금 당장 무엇을 해야 할지 몰라서, 남들보다 뒤처지고 있다는 느낌이 싫어서, 멈추면 마주해야 할 진실이 두려워서 멈추지 못하기도 한다.

> "세상이 보기에 더 나은 사람이 되고자
> 내 즐거움을 미룬 적이 몇 번인가?"

『과부하 인간』의 저자 제이미 배런은 이 질문을 스스로에게 던지며 빠르게 살던 삶에 일시 정지 버튼을 눌렀다. 그녀는 끊임없는 자기 계발과 지속적 성장을 강요하는 사회에서 '과부하 인간'으로 소진되는 삶을 벗어나려면 멈춤을 통해 세상에 건강하게 저항할 수 있어야 한다고 말한다.

스스로 만족하는 삶이 아닌 사회가 요구하는 삶을 따라가다 보면 결국 소진되어 버리고 만다. 그렇게 살지 않으려면 자기 삶의 길과 기준을 적극적으로 찾아야 한다.

- 내가 지금 달리고 있는 이 길이 정말 내가 원하는 길인가?
- 지금 내가 하는 선택은 궁극적으로 나의 행복을 위한 것인가?
- 나는 지금 충분히 나 자신으로 살고 있는가?

- 제이미 배런Jamie Varon, 박다솜 역, 『과부하 인간: 노력하고 성장해서 성공해도 불행한』, RHK, 2023.

세상이 정한 틀을 깨고 나만의 기준을 세우기 위해, 내 삶의 이야기를 새롭게 쓰기 위해 우리는 잠시 멈출 필요가 있다. 멈춤의 기술은 지금 우리가 새롭게 익혀야 할 삶의 중요한 기술이다.

누구에게나 잠시 멈춤이 필요하다

'멈춤'이라 하면 일을 그만두거나 학업을 중단하는 것처럼 인생의 큰 결단을 떠올리기 쉽다. 하지만 우리가 삶에서 마주하는 멈춤은 그보다 훨씬 다양하며, 절대 가볍지 않은 '작은 멈춤'의 순간들이 우리 삶 곳곳에 존재한다.

멈춤은 결코 특별한 사람에게만 필요한 일이 아니다. 누구나 삶을 살아가는 동안 멈춰야 할 순간을 마주하게 된다.

익숙한 사고

익숙한 사고방식에 갇히면 새로운 시각으로 문제를 바라보거나 창의적인 아이디어를 떠올리기 어렵다. 기존의 틀 속에서 세상과 사람에 대한 무의식적인 편견을 가지게 되고 자신의 잣대로 평가하기 쉬워진다. 익숙한 사고를 멈추는 것은 더 넓은 시야와 새로운 가능성의 문을 여는 일이다.

반복

반복적인 행동과 익숙한 습관은 우리에게 안정감을 준다. 그러나 이러한 안정감이 때때로 필요한 변화를 가로막기도 한다. 익숙한 습관 중에서 나를 지치게 하거나 해치는 습관이 있는지 점검하는 시간이 필요하다. 자신을 방해하는 반복적인 패턴이 있다면 그것을 내려놓는 용기가 필요하다.

속도

바쁜 삶에 익숙해지면 그 속도가 당연하게 느껴진다. 빠른 속도에 적응하며 자신감을 느낄수록 더 가속도를 내고 싶어진다. 하지만 속도에만 매몰되면 정작 중요한 것들을 놓칠 위험이 크다. 급한 일에 치여 삶의 본질적인 가치를 잃지 않으려면 현재의 속도를 잠시 늦추고 삶을 재점검하는 시간이 필요하다.

강박, 집착, 중독

완벽하게 해내려는 완벽주의, 모든 배움을 놓치지 않으려는 배움 중독, 인정받기 위해 자신을 혹사하는 인정 중독, 일이 없으면 불안해서 일거리를 만들어내는 일 중독, 모두에게 좋은 사람이 되고 싶어 하는 착한 사람 증후군. 처음에는 좋은 의도로 시작되었을지 모른다. 하지만 지나친 수위에 도달하면 자신도 모르는 사이 자신을 갉아 먹게 된다. 더 단단한 습관으로 자리 잡기 전에 강박이나 중독을 멈출 수 있어야 한다.

불편한 관계와 의무감

우리는 관계 속에서 살아가지만 모든 관계가 긍정적인 영향을 주는 것은 아니다. 지지와 성장의 기회를 주는 관계가 있는 한편, 불편함과 감정적 소모를 초래하는 관계도 있다. 특히 죄책감, 의무감, 두려움 같은 부정적인 감정을 유발하는 관계라면 내려놓을 용기가 필요하다. 적절한 거리 두기를 통해 나를 지키는 것도 중요하다.

비교와 경쟁

타인과 자신을 비교하거나, 불필요한 경쟁에 휘말리면 자신의 부족함만 보게 되고 에너지를 낭비하게 된다. 타인을 기준으로 살아가다 보면 내가 원하는 방향을 잃어버릴 수 있다. 비교와 경쟁을 멈추고 나만의 고유한 가치를 인정할 때 비로소 삶의 진정한 의미를 찾을 수 있고 자기 삶의 속도를 회복한다.

감정의 억제

우리는 긍정적인 감정만 환영하며, 화, 슬픔, 불안 같은 불편한 감정은 외면하거나 억누르곤 한다. 하지만 억눌린 감정은 절대 사라지지 않는다. 오히려 왜곡되어 다른 문제를 일으킬 수 있다. 불편한 감정을 억누르는 것을 멈추고, 이를 제대로 인식하고 건강하게 표현할 때 진짜 치유가 일어난다.

자기 비난

자신의 실수나 부족함을 지나치게 비난하면 부정적인 자기 믿음이 강화되고, 불안, 우울, 죄책감 같은 감정이 유발된다. 나아가 자기 효능감과 신뢰가 약화해 새로운 도전에 대한 자신감과 동기를 잃게 된다. 건강한 마음과 성장을 위해서 자기 비난을 멈추고 자신을 관대하게 바라보는 연습이 필요하다.

멈춤이 필요한 순간은 우리 삶 곳곳에 존재한다. 익숙한 속도, 반복되는 습관, 자동적 사고에서 벗어나는 순간, 우리는 비로소 나 자신과 삶을 새롭게 바라보는 통찰을 얻게 된다. 그리고 통찰은 다시 나아갈 힘이자, 삶의 방향을 바꾸고 더 나은 전환을 가능하게 하는 원동력이 되어 준다.

멈추어 묻다

멈춤이 더 나은 삶을 위한, 더 나다운 삶을 위한 에너지가 되기 위해서는 단순히 멈추는 행위만으로는 부족하다. 멈춘 자리에서 자신을 돌아보는 과정이 수반되어야 한다. 그 과정을 도와주는 것이 바로 질문이다.

이때 던지는 질문은 단지 정답을 찾기 위한 것이 아니라 새로운 시각과 가능성을 탐색하기 위한 것이어야 한다. 모든 질문이 좋은 것은 아니다. 어떤 질문은 우리를 상자 밖으로 끌어내 길을 찾게 하지만, 어떤 질문은 오히려 우리를 상자 안에 가둔다. 예를 들어, '왜 나는 잘 안 풀리는 걸까?'라는 질문에 갇히면 불평과 좌절 속에 머무르게 된다. 그러나 이 질문을 조금만 바꾸면 전혀 다른 가능성이 열린다. '다른 사람들은 이 어려움을 어떻게 해결하고 있을까?'라고 물으면, 불평하던 마음은 타인의 지혜를 탐색하려는 호기심으로 전환된다. 질문을 바꾸는 순간, 우리의 상태도 바뀌는 것이다.

좋은 질문은 전환을 가능하게 한다. 어떤 질문은 고정관념에 금을 내어 새로운 렌즈로 세상과 나를 바라보게 하고, 어떤 질문은 '이래야만 해'라고 움켜쥔 마음의 주먹을 펴게 하며 마음을 부드럽게 풀어준다. 또 어떤 질문은 나를 아끼는 친구가 건네는 솔직한 말처럼 마주하고 싶지 않았던 진실을 직면하게 만든다.

나는 삶의 모퉁이에 서 있을 때마다 이런 질문들을 자주 만났다. 삶의 모퉁이에 서게 되는 순간은 대체로 두 가지 경우다. 하나는 어려운 상황에서 벗어나고 싶지만 어떻게 해야 할지 모를 때이고, 다른 하나는 방향을 틀어야 할 시점이라는 걸 알지만 어디로 가야 할지 모를 때이다. 그때마다 좋은 질문들이 내게 다가와 길을 다시 찾도록 도와주었다. 그래서 나는 그런 질문들을 '모퉁이 질문'이라 부른다.

자신과 삶을 돌아보려는 당신에게 모퉁이 질문을 건네 보려고 한다. 자신과의 대화에 이 질문들이 도움이 되길 바란다. 이 책을 읽으며 만난 질문에 지금 당장 답을 하지 못하더라도 괜찮다. 그 질문을 품고 살아간다면, 시인 라이너 릴케의 말처럼 언젠가 그 질문의 해답 속에서 살아가고 있는 자신을 발견하게 될 것이다.

삶에서 필요한 순간에 멈춘다는 건 용기가 필요하다. 그 용기는 자신의 삶을 진정으로 사랑하는 마음에서 비롯된다. 자신의 삶을 아끼고, 긴 안목으로 바라보는 사람은 멈춤을 실패나 회피로 보지 않는다. 오히려 더 잘 살아가기 위한 재충전과 재정비의 시간으로 여긴다.

근시안적인 시각에 갇혀 당장의 성취와 만족만을 추구한다면 조급한 마음에 사로잡혀 멈춤이 어려워진다. 진심으로 나의 삶을 사랑한다면 잠시 멈추어 자신과 대화를 나누어 보자. 그 멈춤이야말로 나에게 줄 수 있는 가장 다정한 선물이 될 것이다.

내면의 불편함이 느껴질 때

내가
누구인지 혼란스러워

내가 만났던 많은 사람들은 진짜 나를 찾고 싶다는 바람을 가지고 있었다. 나 역시 '도대체 나는 누구인가?'라는 질문에 대한 정답을 찾으려 애썼던 적이 있다. 나를 한마디로 정의하고 명확한 자아상을 가지면 내 존재가 선명해질 것이라 믿었다.

하지만 명확성을 추구할수록 오히려 자신을 더 단편적으로 바라보고, 나의 일부를 부정하게 되었다. 일상에서 드러나는 다양한 모습 중 무엇이 진짜이고 무엇이 가짜인지 구분하려 했고, 역할에 따라 다른 모습을 보이는 나를 진정성 없는 사람이라 여기기도 했다.

그러던 중 만난 내면가족치료Internal Family System, IFS 이론은 나에게 새로운 관점을 제시해 주었다. 1980년대 리처드 슈워츠 박사가 개발한 이 이론은 개인의 내면을 하나의 가족 시스템으로 보고, 그 안에 서로 다른 역할과 감정을 가진 다양한 부분들이 존재한다고 설명한다.

사람들은 종종 자신을 이해하는 과정을 양파 껍질을 벗기는 것에 비유하곤 한다. 겉껍질을 하나씩 벗겨내다 보면 '진짜 나'가 드러날 것으로 생각한다. 하지만 IFS에서는 나를 마늘과 같은 존재로 바라본다. 여러 개의 알맹이(쪽)가 모여 하나의 통마늘을 이루듯, 나라는 존재도 다양한 부분들로 구성되어 있고, 그 각각이 모두 나의 일부라는 것이다.

슈워츠 박사는 그런 의미에서 "우리는 누구나 다중인격이다"라고 말한다.* 병리적인 의미가 아니라 누구나 다양한 내면의 부분들을 가지고 있다는 사실을 강조하는 표현이다.

IFS에서 말하는 다중적 자아Multi Selves 개념은 심리학

---

* 리처드 C. 슈워츠Richard C. Schwartz, 권혜경 역, 『내면 혁명으로의 초대 IFS: 내 마음속 독재자로부터 탈출하는 법』, 싸이칼러지코리아, 2024, 36쪽.

자 패트리샤 린빌Patricia Linville이 발전시킨 자기 복잡성Self-Complexity 이론과 자연스럽게 연결된다. 그녀의 연구에 따르면, 자기 복잡성이 높은 사람은 자신을 다양한 역할과 정체성으로 인식하고 그 복합성을 포용한다. 자기 복잡성이 높을수록 심리적 유연성과 회복력이 강해지며, 각 역할에서의 실패나 상처가 곧바로 전체 자아를 흔들지 않는다. 자기 안의 다양한 자아를 인식하고 받아들이는 태도가 한 가지 실패에 무너지지 않고 삶의 균형을 회복할 수 있도록 도와주는 심리적 완충재가 되는 것이다.

 IFS를 만나고 나를 단일하게 정의하려 했던 시도가 얼마나 무모했는지 깨닫게 되었다. 나에게 다양한 측면이 존재하는 것이 자연스러운 일임에도 그것을 부정하며 스스로를 하나의 틀에 가두려고 했다. 여러 자아가 모두 중요한 일부임을 인정하지 못했고, 그로 인해 더 건강하고 유연한 자기 정체성을 가질 기회를 놓쳤다. 그래서 나는 나를 매끈하게 정의하려는 시도를 멈췄다. 내 안의 다양한 모습을 모두 나의 일부로 받아들이며, 비로소 나와 잘 지내는 법을 배워나가고 있다.

 내가 누구인지 혼란스럽다면, 나를 한마디로 정의하려

는 마음을 내려놓아도 괜찮다. '나는 누구지?'라는 질문에는 자신을 더 잘 이해하고 싶다는 선한 의도가 담겨 있지만, 이 질문에 집착하면 하나의 정답이나 완벽한 자아상을 찾으려는 부담에 빠질 수 있다.

자신을 한 가지 고정된 모습으로만 보려는 습관에서 벗어나 다양한 상황 속에서 드러나는 나의 모습을 있는 그대로 바라보자. 그 모습들을 굳이 진짜와 가짜로 나누지 않아도 된다. 우리는 완벽할 필요도, 항상 일관될 필요도 없으며, 실제로 그렇게 할 수도 없다. 강하고 자신감 넘치는 모습이 있는가 하면, 부드럽고 연약한 모습도 존재한다. 배려심 많고 따뜻하지만 때로는 이기적인 모습이 드러나는 순간도 있다.

자신의 다양한 모습을 관찰하며 그 모습들이 어떤 상황에서, 왜 나타나는지 탐구하는 일이야말로 자기 이해를 돕는 중요한 과정이다. 우리의 다양한 모습들은 우리를 더 풍요롭고 다채롭게 만드는 소중한 조각들이다.

그러니 이제는 나를 명확하게 규정하려는 시도를 멈추고, '나는 누구인가?'라는 질문 대신 '내 안에는 어떤 다양한 내가 있는가?'라는 질문을 던져보자. 다양한 나를 만나며 자신을 새롭게 이해하는 여정이 당신에게 진정한 자유로움을 선물해줄 것이다.

Questions for you

1. 내 안에 어떤 다양한 내가 있을지 생각해 본다면 가장 먼저 어떤 모습들이 떠오르나요?

2. 나의 여러 모습 중에서 특히 좋아하거나 자랑스러운 부분이 있나요? 그 모습이 왜 마음에 드나요?

3. 반대로 맘에 들지 않거나 받아들이기 싫은 모습은 어떤 부분인가요? 그 모습이 왜 불편하게 느껴지나요?

4. 내 안에서 모순되게 느껴지는 모습이 있다면 무엇인가요? 그런 모습은 주로 어떤 상황에서 나타나나요?

5. 시간이 지나며 변해 온 나의 특성은 무엇인가요? 그 변화는 어떤 계기로 시작되었고, 나에게 어떤 영향을 미쳤나요?

불편한 감정이
불편해

저는 평소에 화가 나지 않아요.
저는 슬픈 감정을 거의 느끼지 않아요.

화가 났던 순간이나 슬펐던 경험을 나눌 때 이렇게 말하는 사람들을 보면 부정적인 감정을 억누르고 있는 것은 아닌지, 혹은 그 감정을 꺼내는 것이 두려운 것은 아닌지 의문을 품게 된다.

부정적인 감정을 느낄 때마다 이를 억누르는 사람들이 의외로 많다. 부정적 감정을 참고 넘기면 자연스럽게 사라질 것이라고 믿지만 실제로는 그렇지 않다. 그 감정은 사라지지 않고 우리 안에 차곡차곡 쌓여간다. 그리고 예상치 못한 순간, 예상치 못한 방식으로 터져 나오곤 한다. 가만히 있는데 갑자기 슬퍼지거나, 이유 없이 짜증 나고, 막연한 두려움이 올라오는 순간들이 있다. 이는 억눌러 왔던 감정들이 '나를 좀 알아봐 줘'라며 보내는 신호일 수 있다.

부정적인 감정은 억누를수록 더 무겁고 강해지지만, 그것을 알아차리고 마주하려고 노력할수록 점점 가벼워지고 약해진다. 하지만 우리는 부정적 감정을 마주하는 일이 두려워 종종 피하는 쪽을 선택한다.

그림책 『슬픔이를 위해 지은 집』은 슬픔을 다루는 법에 대해 깊은 통찰을 준다. 이 책은 슬픔이라는 감정을 외면하거나 없애야 할 대상으로 여기지 않고 따뜻하게 보듬어 주는 법을 가르쳐 준다.

주인공 소년에게 어느 날 슬픔이 찾아온다. 소년은 슬픔이 편히 머물다 갈 수 있도록 따뜻한 쉼터를 마련해 준다. 작은 집을 지어주고, 쉬고 싶으면 쉬고, 소리 지르고 싶으면 마음껏 지르게 해 준다. 슬픔이를 재촉하지 않는다.

---

* 앤 부스 Anne Booth, 데이비드 리치필드 David Litchfield, 나린글 편집부 역, 『슬픔이를 위해 지은 집』, 나린글, 2021.

밖으로 나오라고 강요하지도 않는다. 그저 옆에서 기다려 준다. 소년의 다정한 배려 속에서 슬픔은 회복 시간을 충분히 가진 후 마침내 소년과 함께 다시 세상 밖으로 나온다.

우리는 삶에서 다양한 형태의 슬픔을 마주한다. 가까운 사람을 떠나보내고, 남에게서 말 못 할 상처나 학대를 받고, 갑작스러운 시련을 맞닥뜨리기도 한다. 하지만 우리는 종종 자신의 슬픔을 자유롭게 표현하고, 충분히 슬퍼하고 위로받는 일을 스스로에게 허락하지 않는다. 오히려 그런 감정을 자책하거나, 자신이 겪은 일을 자신의 존재와 동일시하며 취약함을 느끼곤 한다. 하지만 슬픔은 외면한다고 사라지지 않는다. 슬픔이 우리를 찾아왔을 때, 소년처럼 자신의 슬픔을 피하지 않고 초대할 수 있어야 한다.

슬픔뿐만 아니라 분노, 두려움, 수치심 같은 감정들도 마찬가지다. 우리는 일반적으로 이런 감정을 부정적으로 바라보지만, 유심히 살펴보면 이 감정 안에는 우리 내면의 깊은 욕구가 숨어 있다. 예를 들어, 슬픔은 '나는 무엇을 바라는가?'에 대한 욕구를, 수치심은 '나는 어떤 사람이 되고 싶은가?'에 대한 욕구를 드러내준다. 그렇기에 부정적으로 여겨지는 감정들을 제대로 마주하는 연습은 우리를 도와주는 힘이 될 수 있다.

중요한 것은 그 감정에 빠지는 것이 아니라 온전히 느끼는 것이다. 감정에 빠지게 되면 우리는 감정과 자신을 동일시하게 되고, 결국 감정에 휘둘리거나 압도되기 쉽다. 감정을 느낀다는 것은 그 감정이 나의 욕구나 바람에 대해 어떤 이야기를 하고 있는지 귀 기울이는 것이다.

부정적인 감정을 나를 진심으로 생각해주는 소중한 친구라고 생각해보면 어떨까? 불쑥 찾아와 나를 힘들게 하는 존재가 아니라 내가 놓치고 있는 소중한 무엇인가를 알려주기 위해 용기 내어 나에게 말을 거는 친구 말이다.

맑은 날이 있는가 하면 흐린 날도 있고, 때로는 천둥 번개가 치는 날도 있다. 날씨가 그러하듯, 우리의 감정도 그렇다. 산다는 것은 모든 감정을 있는 그대로 경험하고 감정의 폭을 넓혀 가는 과정인지도 모른다.

Questions for you

1. 모든 감정을 다 허용하는 편인가요? 혹시 반복적으로 억누르거나 회피하는 감정이 있다면 무엇인가요?

2. 그 감정을 회피하거나 억누르는 이유는 무엇인가요?

3. 억누르거나 피했던 감정은 나에게 어떤 메시지를 전하고 싶었을까요?

4. 그 감정을 나의 공감과 위로가 필요한 친구로 생각해보세요. 그 감정에게 어떤 말을 해주고 싶은가요?

5. 그동안 억누르거나 피해 왔던 부정적인 감정들을 건강하게 마주할 수 있다면 삶에 어떤 긍정적인 변화가 생길까요?

계속 채워도
공허해

올해 정말 많은 걸 배우고 책도 많이 읽었는데
이상하게 마음은 더 허전한 것 같아요.

한 해를 돌아보는 모임에서 지인이 이런 마음을 나누었다. 나도 한때 책을 열심히 읽으며 책장에 쌓여 가는 책을 보며 뿌듯함을 느끼던 시절이 있었다. 하지만 시간이 지나면서 배움이나 독서의 양이 반드시 내적 만족감과 비례하지는 않는다는 것을 알게 되었다.

우리는 흔히 더 많은 지식을 쌓으면 지금보다 더 나은 사람이 될 것이라 기대한다. 무언가를 계속 채워 넣으려고 하는 마음 속에는 아직은 불충분하다는 두려움, 뒤처지면 안 된다는 불안이 숨어 있을지도 모른다. 그런 두려움과 불안은 단순히 더 많은 지식을 쌓는 것으로는 해소되지 않는다.

철학자 지두 크리슈나무르티는 진짜 배움은 지식에 매달리는 것이 아니라, 매 순간을 새롭게 관찰하고 느끼는 데서 일어난다고 말한다. 마음이 지식으로 가득 차 있을 때는 새로운 발견이 일어나지 않으며, 오히려 지식이 없을 때 이해나 발견이 일어난다고 설명한다. 끊임없이 읽고 배우는 행위는 마음을 지식으로 가득 차게 만들고, 그 결과 그 지식을 소비하기에 바빠서 정작 지식 너머에 있는 나만의 생각에 머물 여유가 사라진다.

끊임없이 지식을 채워도 공허함을 느낀다면 채우는 행위를 멈추고 '지식 디톡스'를 해보면 어떨까? 정보나 지식으로 채워 넣었던 공간을 비워놓고, 그 공간에서 타인의 말이나 생각이 아닌 나의 느낌과 생각을 찾아보자. 완전한 디톡스가 어렵다면 배우는 과정이나 읽는 과정에서 의도

- 지두 크리슈나무르티Jiddu Krishnamurti, 정채연 역, 『배움과 지식에 대하여』, 고요아침, 2008.

적으로 멈추고 사유하는 시간을 두는 것도 좋은 방법이 될 수 있다.

나는 책을 읽다가 생각할 거리를 던져주는 내용을 만나면 잠시 책을 덮어 두고 음미하는 시간을 갖는다. 그 내용에 끌린 이유를 생각해보고 내 삶과 연결해보며 나를 만나는 시간을 충분히 갖고 나서야, 다시 책 읽기를 이어 나간다. 책을 읽다가 잠시 덮어 두는 것은 지식을 잠시 내려놓고 내 안의 고요한 공간으로 들어가 사유하는 나만의 방법이다.

생성형 AI의 발전으로 인해 많은 정보를 짧은 시간 내에 소비하는 삶에 익숙해지고 있는 우리는 느리게 관찰하고 깊이 사유하는 삶에서 점점 멀어지고 있는 듯하다. AI는 수많은 정보를 빠르게 정리하고 답을 제시해주는 데 탁월하다. 지식 자체가 중요한 작업에서는 AI를 적극적으로 활용할 수 있지만, 사유와 성찰이 필요한 일까지 AI에 맡긴다면 우리는 지혜를 기르는 기회를 점점 더 놓치게 될 것이다.

지혜는 단순한 검색이나 정보 소비를 통해 얻어지는 것이 아니다. 지혜는 나의 시선으로 삶을 느끼고 해석하는 과정에서, 그리고 그것을 나의 언어로 이야기하는 과정에서 쌓여 간다. AI 시대에 개인의 경험과 통찰이 담긴 지혜의 가치는 더 커지는데, 그 지혜를 빚어내기 위해 필요한 침묵과 고요의 시간을 누리는 일은 점점 더 어려워지고 있다.

넘치는 지식과 정보의 홍수 속에서 때로는 빠져 나와 종종 침묵과 고요의 시간을 즐겨보자. 검색되거나 복제될 수 없는 나의 시선, 나만의 해석에 가치를 부여해보자. 지식의 축적이 아닌 이런 시간의 축적이야말로 우리에게 더 깊은 내적 만족감을 주고 삶의 깊이를 더해 줄 것이다.

Questions for you

1. 책을 읽거나 배우는 것은 나에게 어떤 의미인가요? 그것을 통해 궁극적으로 얻고 싶은 것은 무엇인가요?

2. 배운 것을 충분히 소화하고 내 것으로 만들기 위해 어떤 노력을 하고 있나요?

3. 지금까지 배운 것 중에서 가장 오래 기억에 남고, 실제로 내 삶을 변화시킨 것은 무엇인가요?

4. AI나 외부의 지식에 의존하기보다 스스로 답을 찾아보고 생각해보는 사유의 시간을 더 많이 갖기 위해 어떤 노력을 해보고 싶나요?

5. 누군가가 나에게 나의 '삶의 지혜'를 들려달라고 한다면, 어떤 이야기를 해주고 싶나요?

나를 계속
계발하는 게 힘들어

의미 있는 존재가 되고 싶거나, 세상에 필요한 존재가 되고 싶다는 바람을 품고 살아가는 사람들이 많다. 그런데 종종 그 바람 안에는 영향력 있는 존재가 되고 싶은 욕구 혹은 인정받고 싶은 욕구가 숨어 있다.

나 역시 사회적으로 성공하고 인정받는 존재가 되고 싶었다. 그래서 나를 발전시키고자 부단히 노력했다. 그렇게 애쓰다 보면 언젠가 빛나는 존재가 될 것이라고 믿었다. 그러나 그 노력은 나를 점점 초라하게 만들었다. 대단해 보이는 주변 사람들을 보면 나의 부족한 점들이 눈에 들어왔고, 그 부족함을 메우기 위해 또 다른 노력을 해야 했다.

문득 '빛나는 존재가 되려는 이 욕망이 오히려 나를 괴롭히고 있는 건 아닐까?'라는 생각이 들었다. 그리고 이 질문을 스스로에게 던진 후에야, 이 욕망이 나를 쉬지 못하게 하고 있음을 깨달았다. 인정받고 싶은 마음은 끝없는 허기를 만들어냈고, 더 큰 성취를 갈망하게 했다.

자신의 존재를 증명하려고 애쓰지 않아도 그 자체로 빛나는 사람들이 있다. 그중 한 분이 바로 노숙인과 소외된 이웃을 위해 안나의 집을 운영하며, 나누는 밥이 가장 강력한 백신이라고 말하는 이탈리아 출신 김하종 신부님이다.

성당에서 몇 차례 신부님을 뵈었을 때, 신부님의 얼굴과 눈빛에서 따뜻한 빛이 느껴졌다. 욕망을 내려놓고 세상을 바라보니 신부님처럼 주목받는 존재나 의미 있는 존재가 되려고 애쓰지 않고 그저 자신이 할 수 있는 일을 묵묵히 해내는 사람들이 많았다. 누군가에게 조용히 힘이 되어 주는 사람, 드러내지 않고 필요한 일을 하는 사람들의 모습이 참 아름답게 느껴졌다.

큰 빛보다 작은 빛이 더 귀하고 아름다울 수 있음을 잘 보여주는 그림책이 있다. 『해 한 조각』은 해가 얼어붙은 호수 위로 떨어져 산산조각 나는 장면으로 시작된다. 세상은 어둠과 추위에 휩싸였지만 흩어진 해의 조각들은 각자의 자리에서 자신의 빛을 발휘했다. 산에 떨어진 해 한 조각은 새싹을 틔우고, 구름에 꽂힌 해 한 조각은 무지개를 만들고, 캄캄한 마을에 떨어진 해 한 조각은 친구들을 만날 수 있게 해준다.

이 작은 해의 조각들은 각기 다른 방식으로 세상에 유용한 빛이 되었다. 큰 해와는 달리 작은 해 조각들은 조용하게 필요한 세상 곳곳에 스며들었고, 자신들의 크기나 밝기에 연연하지 않고 닿을 수 있는 곳에서 최선을 다해 빛을 냈다.

누구나 의미 있는 존재가 되고 싶어 한다. 그런데 타인의 시선을 의식하며 자신의 존재를 증명하려고 하면, 우리는 자신을 끊임없이 계발해야 할 대상으로 바라보게 된다. 내가 가진 고유한 빛에 관심을 기울이기보다 무엇을 채워야 쓸모 있는 사람이 될지를 고민하게 된다. 철학자 강신주는 국가나 사회에 어떻게 쓸모 있는 사람이 될지 고민하는 것을 멈추고 우리를 쓸모가 아닌 존재 자체로 바라보자

- 정진호, 『해 한 조각』, 올리, 2022.

고 말한다.˙ 타인의 기대에 맞춰 '쓸모 있는 사람'이 되려는 순간, 우리는 더 이상 자기 삶의 주인으로 살아갈 수 없게 된다.

그동안 내가 얼마나 크고 빛나는 사람이 될 수 있을지에만 관심을 두었다면, 이제 그 관심을 지금 여기로 돌려보자. 지금 내가 머무는 자리에서 나는 얼마나 따뜻한 빛을 내고 있는가? 나를 외부에 증명하려고 애쓰지 않고 지금의 나를 있는 그대로 받아들이며 작은 해 조각처럼 살아가는 것이 결국 진정으로 빛나는 삶을 살아가는 길일지도 모른다.

---

* 강신주, 『강신주의 장자수업』, ebsbooks, 2023.

Questions for you

1. '의미 있는 존재' '필요한 존재'가 되고 싶다는 열망을 품은 적이 있나요? 왜 그 열망을 품게 되었나요?

2. 주변에 자기다운 방식으로 조용히 빛을 발하며 다른 사람들에게 따뜻함을 전해주는 '해 한 조각' 같은 사람은 누구인가요?

3. 다른 사람의 평가와 인정을 내려놓는다면, 나에 대해 어떤 욕심도 함께 내려놓을 수 있을까요?

4. '지금도 충분히 괜찮아.' 이 말을 자신에게 건넨다면, 어떤 부분에 대해 그렇게 말해주고 싶나요?

5. '쓸모 있음'이라는 감정 없이도 내 존재를 가치 있게 느끼게 해주는 것은 무엇인가요?

열심히 일하는데
만족감이 없어

어떤 일을 열심히 하고 있음에도 정작 만족감이나 보람을 느끼지 못할 때가 있다. 최선을 다하고 있는 것처럼 보이지만 마음 한편이 늘 공허하고 지쳐 있다면, 스스로에게 이렇게 물어볼 필요가 있다. '나는 이 일에 단순히 애쓰고 있는 걸까, 아니면 온 마음을 다하고 있는 걸까?'

영어에 'with all my heart'라는 표현이 있다. '온 마음을 다해'라는 뜻으로, 단순히 열심히 하는 것을 넘어 진심과 애정을 담아 임한다는 의미를 지닌다. 우리는 종종 '나에게 주어진 일이니까' '내 직업이니까' '어차피 해야 하니까'라는 이유로 일을 한다. 하지만 그런 이유만으로 애쓰는 일은 우리를 온 마음을 다하는 상태로 데려다 주지는 못한다.

열심히 일하는 것과 온 마음을 다해 일하는 것 사이에는 분명한 차이가 있다. 온 마음을 다하는 일에는 노력 이상의 진심과 애정이 담긴다. 그래서 그 일은 결과를 떠나 그 자체가 의미와 만족감을 줄 때가 많다. 반대로, 애쓰며 억지로 하는 일은 피곤함이나 공허함을 남기기 쉽다. 이 차이를 인식하는 것은 삶의 만족도를 높이는 데 있어 중요한 단서가 된다.

한 단체의 리더를 맡았던 적이 있다. 부담감이 컸지만 '어차피 해야 할 일이니 잘 해보자'라는 마음으로 일을 시작했다. 나의 목표는 주어진 일을 문제없이 해내는 것이었고, 임기 동안 무리 없이 일을 마무리했다. 그런데 임무를 마치고 예상치 못한 공허함이 밀려왔다. 열심히 해내느라 정작 일을 즐기지 못했고, 함께했던 구성원들의 마음도 충분히 살피지 못했다.

이후 후임 리더의 모습을 보며 나는 그 일을 애서서 했을 뿐, 온 마음을 다하지 못했다는 사실을 깨달았다. 후임 리더는 진심으로 그 일을 즐겼고, 온 마음을 다하는 에너지가 풍겼다. 그녀의 진심은 구성원들에게 전해졌고, 모두

가 함께하는 순간을 즐겼다.

나와 어떤 차이가 있었을까? 그녀에게는 그 일을 하는 '자기만의 이유'가 있었다. 어쩌다 일을 맡게 된 나는 외부적인 이유역할, 책임, 기대에 따라 움직였지만, 그녀는 자신만의 이유로 움직였다. 그것이 큰 차이를 만들어냈다.

나그네의 옷을 벗기는 내기를 한 바람과 해의 이야기를 떠올려보자. 강한 바람은 옷을 벗기기는커녕 오히려 나그네를 움츠러들게 만들었다. 반면 따뜻한 햇살은 자연스럽게 마음을 열게 했다. '해야 한다'는 압박은 바람과 같다. 그 속에서 애쓰지만 내면의 기쁨과 만족을 느끼기 어렵다. 반대로 일에서 의미를 발견하는 순간은 따뜻한 햇살과 같다. 마음이 자연스럽게 열리고, 일에서 에너지를 얻는다.

어떤 일을 하든 결국 중요한 것은 '무엇을 하느냐'보다 '어떤 마음으로 하느냐'이다. 어떤 일을 하든 나만의 이유와 의미를 찾는 태도는 의무를 기회로, 소모를 성장으로 바꾸는 힘이 된다. 나는 지금 온 마음을 다하고 있는지 잠시 멈춰 자신에게 물어보자.

Questions for you

1. 지금까지 나에게 기쁨과 만족감을 주었던 일을 떠올려 보세요. 그때 긍정적인 감정을 느꼈던 이유는 무엇인가요?

2. 요즘 가장 많은 시간과 에너지를 쏟고 있는 일은 무엇인가요? 그 일은 당신의 삶의 방향이나 가치관과 어떤 관련이 있나요?

3. 나에게 깊은 만족과 기쁨을 주는 요소를 현재 하고 있는 일에서 더 자주 경험할 방법은 무엇일까요?

4. 열심히 하고 있지만 만족감이나 기쁨을 충분히 느끼지 못하고 있는 일이 있다면 무엇인가요? 그 이유는 무엇인가요?

5. 앞으로 좀 더 온 마음을 다해보고 싶은 일은 무엇인가요?

익숙한 것이 나를 힘들게 할 때

내가 믿고 있는것이
정말 정답일까?

살면서 내가 정답이라고 믿었던 것이
오답임을 깨달았던 적이 있나요?

 사람들에게 이 질문을 던지면 대부분 깊은 생각에 잠긴다. 질문 자체가 낯설기도 하고, 실제로 살면서 자기 생각이 잘못되었다고 깨닫는 계기가 그리 흔하지 않기 때문이다.
 처음에는 물처럼 부드럽던 생각도 시간이 지나면 얼음처럼 단단하게 굳어져 어느새 우리 안에서 정답처럼 굳어진다. 그렇게 굳어진 생각은 나와 다른 의견을 차갑게 밀어내는 방패가 되곤 한다. 이런 고집스러움은 타인을 밀어내는 데 그치지 않는다. 새로운 경험을 할 때 이미 가진 틀에 맞으면 받아들이고, 맞지 않으면 거부한다. 자신에게 도움이 될 새로운 가능성마저 스스로 차단하게 만든다.

혹시 새로운 사람을 만나거나 변화를 경험할 때 기존에 가진 틀이 먼저 튀어나와 그 사람과 경험을 평가하고 있다면, 잠시 멈춰 그 틀을 점검해 볼 필요가 있다. 이때 유용한 도구가 바로 오답 노트다.

오답 노트에 왜 틀렸는지 정리하고 정답을 적어보는 과정을 통해 배움이 깊어진다. 오답 노트는 시험 공부에만 필요한 것이 아니다. 인생에도 자신의 잘못된 신념과 생각을 점검하고 수정하는 과정이 필요하다.

삶의 오답 노트를 잘 쓰려면 신념 감사Belief Audit가 필요하다. 이는 재무 감사나 성과 감사를 통해 조직의 상태를 확인하듯, 자신이 오랫동안 믿어 온 신념과 가치관을 주기적으로 점검하고 검토하는 것이다. 뤼크 드 브라방데르 교수는 기존의 사고 틀에서 벗어나 창의적으로 사고하기 위해서는 자신의 고정된 신념을 감사하듯 검토해야 한다고 제안한다.*

나는 다음과 같은 방식으로 신념 감사 활동을 진행한다.

- '나는 반드시 ○○해야 해' 혹은 '나는 절대 ○○하면 안 돼' 같은 신념을 적어본다.
- 그 신념이 나에게 어떤 긍정적·부정적 영향을 미치는지 살펴본다.
- 이 신념이 없었다면 어떤 선택이 가능했을지 생각해 본다.

이렇게 신념 감사를 해본 다음에는 각 신념을 앞으로 어떻게 다룰지 결정하는 시간을 갖는다.

- **유지할 것** — 긍정적인 영향을 주기 때문에 그대로 유지
- **줄일 것** — 일부 긍정적인 영향을 주지만, 부정적인 면도 많아 신념의 강도를 줄이기

---

* 리크 드 브라방데르Luc de Brabandere · 앨런 아이니Alan Iny, 이진원 역, 『아이디어 메이커』, 청림출판, 2014.

- **버릴 것**— 더 이상 유용하지 않고 오히려 방해되는 것 버리기
- **바꿀 것**— 더 유익하고 건강한 방향으로 기존 신념을 새로운 신념으로 바꾸기

나이가 들수록 새로운 자극이나 피드백을 제공받을 일이 줄어들어 자신의 신념을 점검받을 기회는 축소된다. '내가 꼰대가 되어 가나?' '요즘 너무 고집스러워진 것 같아' '내가 내 안에 갇혀 있지 않나?'라는 생각이 든다면 신념 감사를 하며 오답 노트를 써보는 시간을 가져보자.

30대에 썼던 오답 노트를 40대가 되어 다시 들춰보았을 때 수정할 점이 보인다면 반가운 일이다. 수정할 것이 있다는 것은 내 생각이 그만큼 더 유연해졌다는 증거이기 때문이다.

인생은 정답을 찾는 과정이 아니다. 끊임없이 오답을 수정해 나가는 여정이고, 그 속에서 우리는 배우고 성장하고 변화해 간다. 우리는 사고의 벽에 틈을 내는 작업을 계속해야 한다. 그래야 아집과 편견이라는 깜깜한 방에 갇히지 않고, 그 틈을 통해 들어오는 빛을 만날 수 있다. 그리고

그 빛을 따라 나아갈 때 조금씩 더 새로운 나로 나아갈 수 있다.

Questions for you

1. 삶을 돌아볼 때 내 행동과 생각을 가장 크게 지배하고 있는 신념은 무엇인가요? 그 신념은 어떻게 형성되었나요?

2. 새로운 경험을 할 때 강하게 저항하거나 불편함을 느끼는 부분은 무엇인가요? 그 불편함은 나의 어떤 신념과 연결되어 있을까요?

3. 과거에는 유용했지만 지금은 더 이상 도움되지 않는 신념이 있다면 무엇인가요? 그 신념을 내려놓는다면 삶에 어떤 변화가 생길 수 있을까요?

4. 지금도 여전히 나에게 도움이 되는 신념은 무엇인가요? 그 신념이 현재 삶에 어떤 긍정적인 영향을 주고 있나요?

5. 최근 바꾼 신념이나 생각이 있다면 무엇인가요? 어떤 계기로 바꾸게 되었고, 그 변화가 삶에 어떤 영향을 주었나요?

긍정에
갇혀 버린

긍정적으로 생각해.

긍정 마인드를 가져.

우리는 이런 이야기를 자주 듣고, 또 스스로에게 되뇐다. 실제로 많은 사람들이 긍정적인 태도를 지닌 사람들에게 호감을 느끼고 그런 태도를 칭찬한다. 긍정 심리학 역시 긍정적인 감정의 중요성을 강조하며 낙관성과 회복탄력성을 삶의 중요한 기술로 소개해왔다.

그런데 긍정이 늘 좋은 걸까? 긍정이 지나치면 오히려 삶을 왜곡하거나 마음의 불균형을 초래할 수 있다. 예를 들어, 어떤 관계든 늘 긍정적으로 유지되어야 한다는 생각에 사로잡히면, 갈등이나 불편함이라는 관계의 자연스러운 요소를 피하려고 하게 된다. 그렇게 되면 자신의 감정을 억누르며 상대에게 맞추게 되고, 결국 자신을 희생하게 된다.

긍정에 대한 집착은 화, 슬픔, 두려움 같은 감정을 억누르고, 심리적 문제가 생겼을 때 이를 축소하려는 경향을 만든다. 나도 힘든 감정을 마주할 때면 도망가고 싶은 마음이 먼저 들곤 했다. '내가 작은 고양이를 크고 무서운 호랑이로 보고 있는 건 아닐까?' 생각하며 두려움을 애써 축소하려 한 적도 있었다. '괜찮아질 거야' '별일 아닐 거야'라고 자신을 다독이며, 힘든 상황을 정면으로 마주하기보다는 그 위에 긍정이라는 얇은 덮개를 씌워 외면하려고 했던 순간들도 있었다.

하지만 부정적인 감정을 피하거나 억누르다 보면 결국 심리적인 문제들이 해결되지 못한 채 계속 쌓여간다. 긍정적인 면만 보려는 태도는 우리가 직면해야 할 중요한 문제를 놓치게 하고, 결국 그것은 다른 형태의 마음의 짐이 되어 돌아온다.

긍정의 이면에는 이런 긍정의 역효과가 숨어 있다. 심리학에서는 이를 '긍정의 배신' 또는 '독성 긍정주의'라고 부르기도 한다. 『긍정의 배신』˙에서는 과도한 긍정이 개인에 얼마나 큰 심리적 압박이 될 수 있는지 지적한다. '열심히 하면 뭐든 할 수 있어' '넌 강하니까 이겨낼 수 있어' 같은 말들이 응원의 메시지 같지만, 힘겨운 상황에도 늘 긍정적이어야 될 것 같은 강한 심리적 압력으로 작용한다는 것이다.

우리는 열심히 한다고 해서 모든 걸 해낼 수 있는 존재가 아니다. 포기해야 할 때도 있고, 넘어질 때도 있다. 그런데 긍정에 지나치게 집착하다 보면 그런 자신을 스스로 용납하지 못하고 계속 노력하고 나아지라고 채찍질하게 된다. 부정적인 감정을 억압한 채 스스로에게 비현실적인 긍정을 강요하게 되면, 어느 순간 긍정은 나를 자라게 하기보다는 시들게 하는 독이 된다.

내가 가진 긍정은
정말 나에게 도움이 되고 있을까?

• 바버라 에런라이크Barbara Ehrenreich, 전미영 역, 『긍정의 배신』, 부키, 2011.

이 질문을 스스로에게 정직하게 던져보자. 그동안 긍정의 렌즈를 통해 세상을 더 아름답게 보려 애썼다면 이제 그 렌즈를 벗고 현실을 직면할 용기를 가져보자. 세상을 더 좋게 보게 해준다고 믿었던 긍정의 안경을 벗었을 때, 오히려 현실을 더 객관적으로 바라보고 문제를 적극적으로 해결하며 앞으로 나아갈 수 있을지도 모른다.

Questions for you

1. 부정적인 감정을 마주하기 두려워 긍정적인 생각으로 덮으려 한 적이 있나요? 그때 진짜 두려워했던 것은 무엇이었나요?

2. 어떤 상황에서 과도하게 긍정적인 태도를 유지하려고 애쓰나요?

3. 긍정적으로 보이기 위해 참거나 숨겨 왔던 감정이나 생각이 있다면 무엇인가요?

4. 긍정적인 태도를 유지하려 했던 것이 오히려 나를 더 힘들게 만들었던 경험이 있나요?

5. 무조건적인 '긍정의 안경'을 벗고 바라보면 더 도움이 될 삶의 영역은 어디인가요?

반복되는 일상이
무의미해

아무렇지 않은 날에 아무렇지 않게 걸어

이런 날이 나는 좋다

평범함의 위대함

- 김현철, 〈평범함의 위대함〉

  이 노래는 따스한 햇살이 얼굴을 비추고, 살랑이는 바람이 스쳐 지나가며, 조급함 없이 천천히 걷고, 편안한 음악 속에서 한가로움을 느끼는 순간의 위대함에 대해 말한다. 그런데 이런 평범한 일상에서 위대함을 느끼는 사람이 얼마나 될까? 아침에 눈을 뜨고, 밥을 먹고, 일을 하고, 저

녁이면 다시 잠자리에 드는 하루가 반복될 때, 우리는 그 삶을 단조롭고 무의미하게 느끼기 쉽다. 특별한 일정이나 이벤트가 있어야만 의미 있는 날로 여기고, 반복되는 일상은 그저 평범한 시간이라고 치부한다. '평범함'은 많은 사람들에게 '위대함'보다는 '무료함'이나 '특별하지 않음'에 가깝게 느껴질지도 모른다.

그러나 평범한 일상을 과소평가할수록 삶의 기쁨을 느끼는 감각도 무뎌진다. 특별한 날을 기다리느라 현재를 놓치고, 더 자극적이고 특별한 것을 쫓느라 작은 기쁨을 놓쳐버린다. 『러브 유어셀프』의 저자 크리스틴 네프는 하루 종일 문제 해결 모드로 자신과 삶을 고치려 하기보다, 하루에 몇 분만이라도 멈춰서 고장 나지 않은 것들에 대해 경탄해보자고 제안한다.

> 지금 내 삶에서 고장 나지 않아
> 감사한 것은 무엇일까?

- 크리스틴 네프Kristin Neff, 서광스님·이경욱 역, 『러브 유어셀프: 세상에 오직 하나뿐인 나를 사랑하라』, 이너북스, 2019.

이 질문을 던지며 내 일상을 돌아보았다. 매일 아침 나를 일으키는 체력과 건강, 나에게 주어진 역할, 하루를 함께하는 가족과 동료들, 따뜻한 커피 한잔을 마실 수 있는 여유. 너무 익숙해서 소중함을 깨닫지 못했던 것들이었다.

삶이 반복된다는 것은 우리가 건강하고 안정적으로 살아가고 있다는 신호다. 이것이야말로 감사해야 할 일일지도 모른다. 반복되는 하루가 때로는 시시하고 따분하게 느껴질 수 있지만, 누군가는 이 평범한 하루를 부러워할지도 모른다.

최인철 교수는 『아주 보통의 행복』*에서 "행복은 오로지 일상을 위한 것이며, 일상에서 비롯된다"고 말한다. 행복해지고 싶다면 우리의 일상으로 더 깊이 들어가 보라고 제안한다. 밥을 먹는 순간, 햇살이 비치는 따뜻함, 좋아하는 사람들과 나누는 대화. 이처럼 반복되는 일상을 온전히 느끼는 것이야말로 행복의 본질이라고 강조한다.

우리는 행복을 위해 특별한 무언가를 찾아 나서지만, 언제나 행복은 가까운 곳에 있다. 차 한잔의 여유, 좋아하

---

* 최인철, 『아주 보통의 행복』, 21세기북스, 2021.

는 사람들의 웃음, 산책길에서 스치는 바람의 감촉. 매일의 평범함 속에서 발견하는 작은 기쁨들이 삶을 더욱 풍요롭게 만든다. 더 나은 삶을 바깥에서 찾으려는 발걸음을 잠시 멈추고 지금 내 앞에 주어진 평범한 하루 속에서 기쁨과 감사를 찾아보자. 지금 이 순간을 충분히 누려보자. 어쩌면 우리는 이미 충분히 괜찮은 삶을 살고 있을지도 모른다.

Questions for you

1. 내 삶이 너무 평범하거나 무료하게 느껴질 때가 있나요? 언제 그런 마음이 찾아오나요?

2. 지금 나의 일상이 무너지지 않고 흐를 수 있도록 도와주는 요소들은 무엇인가요? 소중하고 감사한 것들이 무엇인지 떠올려보세요.

3. 일상 속에서 작지만 확실한 기쁨과 행복을 느끼는 순간은 언제인가요? 어떻게 하면 그 순간을 더 자주, 더 깊이 음미할 수 있을까요?

4. 나에게는 평범하게 느껴지지만 다른 사람들이 부러워할 수 있는 내 일상의 모습은 무엇인가요?

5. 지금보다 일상의 위대함과 감사함을 더 많이 느낀다면 삶에 어떤 긍정적인 변화가 찾아올까요?

나와 다른 사람이
불편해

나와 관심사나 가치관이 다른 사람과의 만남을 꺼리는 가장 큰 이유는 '불편함'이다. 그 불편함은 낯선 사람과 대화를 이어가는 어색함일 수도 있고, 가치관이나 생각이 충돌할 때 느껴지는 불쾌함일 수도 있다. 또는 내 모습이 그대로 받아들여지지 않을 수 있다는 두려움일 수도 있다. 이러한 불편함은 결국 나와 다른 사람과 함께하는 일을 피하게 만든다.

하지만 나와 비슷한 사람만을 선택하며 살 수는 없다. 어쩔 수 없이 나와 다른 사람을 만나 그 다름을 직면하고, 그로 인해 생긴 갈등을 해결해야 하는 순간들이 찾아온다.

'피할 수 없다면 즐겨라'라는 말처럼, 불편함을 회피하려고 하기보다는 그 불편함을 조금 덜 불편하게 받아들일 수 있게 태도를 갖는 것이 더 현명한 길일지도 모른다.

나는 워크숍을 할 때, 참여자들이 서로의 생각과 경험을 나누는 대화를 많이 할 수 있도록 설계한다. 처음에는 어색하고 불편해하던 참여자들이 워크숍을 마친 뒤에는 이렇게 말하곤 한다. "다른 사람과 함께하는 시간이 좋았어요." "다른 사람의 경험을 들으며 제 고민을 전혀 다른 시각에서 바라볼 수 있었어요."

내 경험에 따르면 타인을 받아들이는 틀은 두 가지 경험을 통해 좀 더 말랑말랑해진다. 첫 번째는 나와 달라 보이는 저 사람도 나와 비슷한 면이 있다는 걸 깨닫는 경험이다. 사람들은 흔히 타인의 외모, 말투, 행동 등 겉으로 드러나는 것들을 보고 그 사람이 자신과 비슷한지 아닌지를 빠르게 판단한다.

그러나 대화를 통해 상대를 더 알아가다 보면 겉모습만 보고 다르다고 여겼던 판단이 성급했음을 깨닫게 될 때가 많다. 상대를 깊이 알아갈수록 생각보다 더 많은 부분에서 우리가 닮아 있음을 발견한다.

두 번째는 서로 달라서 오히려 도움이 된다는 것을 깨닫는 경험이다. 익숙한 사고와 행동의 틀에서 벗어날 기회야말로 나와 다른 사람이 줄 수 있는 소중한 선물이다. "사람을 만난다는 것은 다른 세계를 만나는 것"이라는 소설가 밀란 쿤데라의 말처럼, 나와 다른 사람과의 만남은 사고의 틀을 깨고, 시야를 넓히며, 우리의 세계를 더욱 풍요롭게 만들어 준다.

> "인터뷰를 하는 과정은 놀이공원에서 평소 만나기 힘들었던 친구와 즐거운 시간을 보내는 특별한 경험이었습니다.
> 타인은 제게 즐거운 모험을 허락해주는 신비한 생명체였죠."[*]

놀이공원에는 다양한 놀이기구와 예상치 못한 즐거움이 가득하다. 타인과의 대화나 만남은 새로운 놀이기구를 타는 것과 같다. 낯설고 두렵지만 그 안에는 새로운 자극

---

* 지승호, 『타인은 놀이공원이다』, 싱긋, 2019.

과 배움, 예상치 못한 즐거움이 숨어 있다. 타인을 신비한 모험을 허락해주는 존재로 바라본다면, 처음 느꼈던 불편함은 오히려 호기심과 즐거움으로 바뀔 수 있다.

늘 만들던 음식도 재료나 레시피를 살짝 바꾸면 전혀 다른 맛이 나는 것처럼, 삶도 레시피를 바꾸면 훨씬 더 풍부해질 수 있다. 편안하고 익숙한 만남은 안정감을 주지만, 삶의 레시피를 새롭게 만들 수 있는 충분한 자극을 주지 못할 때가 많다. 무엇이 부족한지, 어떤 조합이 더 맛있을지 알기 위해서는 익숙한 문을 열고 밖으로 나가야 한다.

나와 다른 사람을 만날 기회가 생긴다면, 그 만남이 삶에 어떤 새로운 레시피를 더해줄 수 있을지 기대해보자. 그 만남이 삶을 더욱 풍요롭게 만들어줄 놀이공원의 초대장일지도 모른다. 집 앞 놀이터에서는 결코 느낄 수 없는 재미와 놀라운 발견이 기다리고 있을 것이다.

Questions for you

1. 나와 다른 사람과의 만남에서 내가 가장 불편해 하는 점은 무엇인가요?

2. 타인의 관점이나 경험이 나에게 새로운 시각을 열어준 순간을 떠올려보세요. 누구를 통해 어떤 새로운 시각을 얻었나요?

3. 나와 다른 사람들과의 만남이 나에게 줄 수 있는 가장 큰 가치는 무엇이라고 생각하나요?

4. 타인을 나에게 새로운 경험과 즐거움을 주는 놀이공원과 같은 존재로 바라보게 된다면 나의 태도와 행동에 어떤 구체적인 변화가 생길까요?

5. 지금 내 삶에 어떤 새로운 맛이 필요한가요? 그 맛을 내기 위한 레시피를 얻기 위해 어떤 사람을 만나보고 싶나요?

변화를 꿈꾸지만
변화하기 두려워

코칭을 하다 보면 변화와 도전을 유독 힘들어하는 사람들을 만나게 된다. 그들의 공통점은 안정에 대한 욕구가 유난히 크다는 것이다. 안정을 바라는 마음은 누구에게나 있지만, 그것이 지나치게 강하면 기존의 틀에서 벗어나는 것에 대한 불안도 함께 커진다.

변화를 시도하려는 순간마다 강한 안정 욕구가 '그냥 하던 대로 해'라며 변화를 원하는 목소리를 눌러버린다. 그렇게 안정 욕구의 일방적 승리가 반복될수록, 내 안에 있는 다른 욕구들의 목소리는 점점 작아지고 결국에는 사라지기도 한다.

정해진 틀에서 벗어나는 것이 두렵지만 동시에 변화와 자유를 꿈꾸는 사람들에게 용기를 줄 수 있는 그림책이 있다. 바로 『어느 날, 그림자가 탈출했다』*이다. 이 이야기의 주인공은 사람의 그림자 스무트다. 스무트의 주인 소년은 웃지도, 뛰지도 않으며, 제멋대로 굴지도 않는다. 그래서 스무트 역시 늘 얌전하고 제한된 방식으로 살아야 했다. 하지만 스무트는 자유로운 삶을 꿈꾸고 있었다.

어느 날, 스무트는 소년으로부터 탈출해 자유로운 모험을 시작한다. 스무트는 하고 싶었던 일들을 하나씩 실현해 나가며 자유를 누린다. 스무트의 탈출을 지켜본 다른 그림자들도 용기 내 하나둘씩 탈출을 시도한다. 소년 역시 스무트의 자유로운 모습을 지켜보며 용기를 얻고, 이 이야기는 소년과 스무트가 함께 웃고 뛰노는 것으로 마무리된다.

스무트는 단순한 그림자가 아니다. 우리 안에 숨겨진 욕구와 억눌린 자유, 아직 발견되지 않은 가능성을 상징한다. 이야기 속 소년처럼 우리도 스스로 만든 틀 안에 갇혀서 하고 싶은 것을 억누르고 한계를 설정하곤 한다. 그러

---

* 미셸 쿠에바스Michelle Cuevas, 시드니 스미스Sydney Smith 그림, 김지은 역, 『어느 날, 그림자가 탈출했다』, 책읽는곰, 2023.

나 늘 하고 싶었지만 시도하지 못했던 일들, 억눌러 왔던 욕구, 변화에 대한 열망은 모두 스무트처럼 우리 안에서 탈출을 꿈꾸고 있을지 모른다.

이 그림책을 활용한 코칭에서 참가자들과 함께 '내 그림자는 나에게서 도망치면 무엇을 제일 해보고 싶을까?'라는 질문을 나누며 해방 일지를 적어 보았다. 운전이 겁난다는 참여자는 도망친 그림자가 고속도로를 질주하며 전국을 여행하는 모습을 떠올렸다. 좋은 사람이 되려 애쓰며 하고 싶은 말을 참아 왔던 참여자는 거침없이 감정을 표현하고, 하고 싶은 말을 다 하며 살아가는 그림자의 모습을 상상했다.

혹시 당신도 '이건 나와 맞지 않아' '나는 이런 걸 못 해'라는 생각으로 자신을 가두고 있지는 않은가? 불가능하다고 믿었던 많은 일들이 사실은 내가 스스로 만든 틀일지 모른다. 이제는 익숙한 안전지대를 벗어나 스무트처럼 용기 있게 움직여보자. 우리 안의 스무트에게 자유를 허락한다면 그동안 내 안에 갇혀 있던 다른 목소리를 들을 수 있을 것이다. 그 목소리는 새로운 선택을 가능하게 해주고, 의외의 삶의 여정이 우리 앞에 펼쳐질 것이다.

Questions for you

1. 그림자가 나에게서 도망친다면 가장 먼저 무엇을 해보고 싶어 할까요? 그 그림자의 모습은 지금의 나와 어떻게 다른가요?

2. 최근에 해보고 싶다는 생각은 했지만 시도하지 못했던 일은 무엇인가요? 그 일을 하지 못하게 막아선 내 안의 목소리는 무엇이었나요?

3. '나는 이런 걸 못 해' '이건 나와 맞지 않아'라고 생각하며 스스로 한계를 설정했던 경험이 있다면, 어떤 상황이었나요?

4. 오랫동안 억눌러 왔던 나의 욕구나 꿈은 무엇인가요? 그것이 실현된 모습을 상상해본다면 어떤 모습인가요?

5. 실수나 실패를 두려워하지 않는다면, 지금 당장 가장 먼저 도전해보고 싶은 일은 무엇인가요?

CH.4

나를 사랑하지 못하고 있을 때

남에게는 친절한,
나에게는 가혹한

"삶에서 일어나는 고통, 이별, 실패, 병과 같은 일들은 우리의 통제를 벗어난 첫 번째 화살입니다. 그런데 그것에 대해 원망하거나 자책하는 것은 두 번째 화살입니다. 우리가 스스로에게 쏘는 화살인 거죠. 진정한 고통은 이 두 번째 화살로부터 옵니다."

요가 선생님께서 두 번째 화살과 관련된 친구의 이야기를 들려주었다. 친구분은 과거의 트라우마로 불면증을 겪었고, 불면증이 심해져 결국 직장을 그만두셨다고 했다. 출근하지 않아도 되니 언제든 쪽잠을 잘 수 있었지만, 잠에서 깬 뒤, '일도 안 하면서 또 잤어?'라는 자기 비난의 목소리가 그녀를 괴롭혀 쪽잠이 전혀 달콤하지 않았다고 했다. 이 목소리가 바로 두 번째 화살이다.

이야기를 들으며 내가 스스로에게 쏘았던 두 번째 화살이 떠올랐다. "넌 참 게으르다"라는 말은 쉴 때마다 내 안에서 울려 퍼지던 익숙한 목소리였다. '이렇게 시간을 허비해도 괜찮을까?' '조금 더 생산적으로 살아야 하지 않을까?' 이런 생각들에 휘둘리다 보면 쉬는 순간에도 마음이 편하지 않았다.

요가 선생님의 이야기를 들으며 늘 두 번째 화살을 맞고 살아온 친구분의 마음에 자연스레 연민이 생겼다. 그리고 그 연민은 곧 내 마음을 향해 흘러 들어왔다. 왜 나는 다른 사람에게는 "오늘 정말 고생했으니 편히 쉬세요"라고 말하면서, 정작 나에게는 그 말을 건네지 못하고 있었을까?

> "나를 사랑한다는 것은 내가 멋진 순간에만
> 나를 자랑스레 여기는 게 아니다.
> 모두에게서 칭찬받는 나를 칭찬하는 게 아니다.
> 고꾸라져 주저앉아 뚝뚝 눈물 흘리는 나의 눈물을
> 닦아 주며 따스히 등을
> 토닥여 주는 것이다."•

우리는 종종 스스로가 기대하는 모습에 도달해야만 자신을 사랑할 자격이 있다고 여긴다. 무언가를 잘 해냈을 때, 누군가에게 인정받았을 때만 자신을 자랑스러워한다. 그러나 조건부 사랑은 누구나 할 수 있는 일이다. 진짜 자기 사랑은 내가 흔들릴 때, 비난받을 때, 실패 앞에 주저앉았을 때도 여전히 나의 편이 되어 주는 것이다.

만약 지금까지 나에게 친절하지 못했다면, 이제부터 타인에게 건네던 따뜻함을 자신에게도 나눠주는 연습을 시작해보자. 지친 하루를 마친 저녁, 거울 앞에서 혹은 이불 속에서 조용히 속삭여 보자.

오늘 정말 고생했어.
이제 푹 쉬렴.

스스로에게 다정해지기 시작하면 그 다정함을 받는 나는 어느새 더 사랑스러워진다. 그리고 그런 나를 더 사랑하게 된다. 자기 사랑의 긍정적인 순환이 시작되는 것이다.

- 도연화, 『가장 아끼는 너에게 주고 싶은 말』, 부크럼, 2023.

Questions for you

1. 최근 스스로에게 가장 가혹했던 순간은 언제였나요? 그때 자신에게 어떤 말을 했나요?

2. 자신에게 자주 던지는 '두 번째 화살'은 무엇인가요? 반복적으로 비난하거나 질책하는 내용은 무엇인가요?

3. 나 자신을 조건부로 사랑하고 있다면, 어떤 조건일 때 나를 사랑해주고 있나요?

4. 나에게 더 친절해지려면 지금 내려놓아야 할 지나친 기대나 과한 요구는 무엇인가요?

5. 지금 이 순간, 내가 가장 듣고 싶은 따뜻한 한마디는 무엇인가요? 그 말을 자신에게 건네보세요.

그냥
혼자 있고 싶어

버스에서 처음 만난 분과 우연히 대화를 나눈 적이 있다. 반려동물을 키운다는 공통 관심사로 한참 대화를 나누었는데, 그분이 내리기 전에 인사를 건네셨다. "반려견과 늘 행복하게 지내세요. 평안하시고요." 짧은 인사였지만 마음속에 잔잔한 온기가 퍼졌다.

지쳐 있던 나에게 낯선 이가 건넨 다정한 말 한마디가 의외의 따뜻함으로 다가왔다. '이런 만남과 인사만으로도 서로에게 따뜻함을 전할 수 있구나'라는 생각이 들었고, 안셀름 그륀 신부님의 '샘' 비유가 떠올랐다.

신부님은 사람의 마음을 샘에 비유한다. 누군가의 샘은

흐리고, 누군가의 샘은 맑다. 깊고 맑은 샘을 가진 사람은 그 안에서 긍정 에너지를 길어 올려 다른 이들에게 나누고, 흐린 샘에 머무는 사람은 부정적인 기운을 흘려보내며 자신과 타인의 삶까지 흐리게 만든다.

> "당신은 샘물을 자신을 위해서만 가두어 둘 수 없습니다. 샘물은 흘러야 신선하고 우리에게 생기도 줍니다. 그렇지 않으면 샘물은 맛을 잃으며 그 힘도 잃게 됩니다."•

신부님은 샘이 멈추지 않고 흘러야 각자의 샘도 더 맑아지고 에너지도 살아난다고 말한다. 그런데 어떤 샘은 너무 과하게 흐른다. 타인에게 좋은 사람이 되려는 마음에 자신의 샘물을 마구 쏟아내다 지쳐버리는 경우다. 거절하지 못해 상대에 억지로 맞추거나, 좋은 사람처럼 보이기 위해 진짜 마음을 숨기고 가면을 쓰기도 한다. 그렇게 애쓰다보면 결국 내 샘이 흐려지고 말라버린다.

• 안셀름 그륀 Anselm Grun, 황미하 역, 『지쳐 있는 당신에게』, 분도출판사, 2020.

반대로, 어떤 샘은 거의 흐르지 않는다. 살다 보면 누구나 혼자만의 섬에 머물고 싶을 때가 있다. 사람과의 관계에서 반복적으로 상처받은 사람은 더 다치지 않으려고 의도적으로 관계를 피한다. 우울하거나 무기력한 상태에서는 사람 자체가 귀찮게 느껴지고, 혼자 있는 게 편하다고 생각된다. 혼자만의 동굴로 들어서면 처음에는 조용하고 평온하다. 그러나 그 시간이 길어질수록 따뜻한 에너지를 주고받을 수 없어 샘은 점점 흐려지고, 결국 차갑고 단단하게 얼어붙는다.

샘이 흐르려면 연결이 필요하다. 나를 이해해주는 친구의 위로, 마음을 열 수 있는 멘토와의 대화, 때로는 코칭이나 상담과 같은 따뜻한 만남이 필요하다. 혼자 있는 시간이 필요할 때도 있지만, 혼자서는 회복되지 않는 영역이 분명히 존재한다. 지쳐 있다는 건, 내 샘이 따뜻함과 다정함을 갈구하고 있다는 신호일지도 모른다.

다정한 행동은 단순한 감정적인 교류를 넘어 스트레스 감소, 면역력 강화, 사회적 유대감 형성 등 신체적·정신적 건강에 깊은 영향을 준다. 사랑하는 사람이 괴로워할 때 손을 잡아주면, 두 사람의 호흡과 심장 박동이 동기화되고 뇌파까지 일치하는 동조 현상이 나타난다고 하는데, 이는 다정함이 마음뿐만 아니라 신체에도 영향을 미친다는 것을 보여준다.● 타인과의 다정한 교류에서 오는 따뜻함과 교감은 단순히 기분 좋은 느낌을 넘어서 삶을 흐르게 하는 중요한 에너지다.

우리는 서로에게 흘러가며 더 맑아지고 더 살아난다. 나의 샘이 맑아야 그 샘을 타인에게 흐르게 할 수 있기에 내 샘을 가꾸는 일은 나 자신을 위한 일이자, 타인을 위한 일이기도 하다.

지금 나의 샘에는 다정함, 따뜻함, 친절함이 충분히 채워져 있는가? 그것들을 삶 속에서 자연스럽게 흘려보내고 있는가? 또 나는 타인을 통해 내 샘에 필요한 온기를 받고 있는가? 잠시 멈추어 이 질문들을 나 자신에게 던져보자.

● 켈리 하딩Kelli Harding, 이현주 역, 『다정함의 과학: 친절, 신뢰, 공감 속에 숨어 있는 건강과 행복의 비밀』, 더퀘스트, 2022.

Questions for you

1. 누군가와의 교류에서 따뜻한 온기나 위로를 받은 순간이 있었다면 언제인가요?

2. 내가 건넨 다정함이 누군가에게 작은 힘이 되었던 경험이 있나요?

3. 지금 나의 샘은 맑게 유지되고 있나요? 나의 샘을 맑게 해주는 것은 무엇이고, 반대로 흐리게 하는 것은 무엇인가요?

4. 어떤 상황에서 타인과의 교류를 피하고 싶어지나요? 그때 마음속에 어떤 불편함이 있나요?

5. 관계 속에서 나의 샘이 과하게 흐르거나 마르지 않게 하기 위해 어떤 경계나 균형이 필요하다고 느끼나요?

나는 너무
평범해

어릴 때 나는 늘 남과 비교하며 나의 평범함을 싫어했다. 좋은 집안, 특별한 재능, 예쁜 외모를 가진 친구들이 부러웠다. 지영이라는 흔한 이름조차 마음에 들지 않았다. 스스로를 지극히 평범하다고 여기는 탓에 나를 사랑하기 어려웠고, 더 특별한 사람이 되기 위해 끝없이 스스로를 몰아붙였다.

그러다 『꽃들에게 희망을』*에 등장하는 줄무늬 애벌레를 통해 어리석은 내 모습을 발견했다. 줄무늬 애벌레는

---

* 트리나 폴러스 Trina Paulus, 김석희 역, 『꽃들에게 희망을』, 시공주니어, 1999.

다른 애벌레들이 앞다투어 높은 기둥을 오르는 모습을 보고 특별한 것이 있다고 생각해 그들을 따라간다. 반면 노랑 애벌레는 기둥을 오르지 않고 늙은 애벌레의 조언을 듣고 나비가 되기로 결심한다. 노랑 애벌레는 자신의 몸에서 실을 뽑아 고치를 만들며 말한다.

> "내가 바른 길을 갈 수 있는 건 바로 용기 때문이야.
> 만약 내 몸 안에서 실을 뽑아낼 수 있다면
> 나도 나비가 될 수 있을 거야."

노랑 애벌레는 기둥 위에서 특별함을 찾기보다 자신 안에 이미 존재하는 가능성을 믿고 나답게 살아가기를 선택한다.

이 책을 읽으며 남들과 비교하며 특별해지고자 애썼던 나의 노력이 오히려 나를 더 평범하게 만들고 있었다는 사실을 알게 되었다. 이제는 남들과 비슷해지려 애쓰기보다, 평범한 내 이름 앞에 '어떤 the'를 붙이며 살아가고 싶은지 고민한다. 그 마음을 적어봤던 글이다.

우리는 모두 차별성 없는 **어떤 사람**a person이 아니라

각자의 색깔이 **다른 사람**the person입니다.

그런데 자꾸 남들과 비슷해지기 위해 끊임없이

노력하면서

자기 이름 앞에 **a**를 붙이려는 사람들이 있습니다.

자기 이름 앞에 어떤 **the**를 붙여야 할지 몰라

그냥 남들이 붙인 **the**를 따라 붙이는 사람들도 있습니다.

특별한 사람이 되고 싶다면

내 이름 앞에 어떤 **the**를 붙일지 고민해보세요.

누군가가 만들어 놓은 길을 따라가다 보면

결국 당신의 **the**는 나중에는 똑같은 **a**가 되고 맙니다. *

   평범함에서 벗어나려는 시도를 멈추고, 나만의 고유한 색을 찾기 시작하면서 내 강점과 개성이 선명히 보이기 시작했다. 그 강점을 인식하자 어떤 환경에서 내가 빛날 수 있는지 알게 되었다. 그때부터 나는 내가 빛날 수 있는 환경을 적극적으로 찾기 시작했고, 지금도 '나만의 the'를 탐

---

* 김지영, 『나를 위한 해시태그: #다시 시작해도 괜찮아』, 소울하우스, 2018.

색하며 나아가고 있다.

장기하 씨는 한 인터뷰에서 "두각을 나타내기 위해 못하는 걸 하나씩 포기하고 나니 지금의 선명한 제가 남았어요"라고 말했다. 그의 말대로 내가 진짜 잘하는 것을 남겼더니 오히려 나만의 색깔이 더 선명해졌다.

청소년이나 대학생들 대상 교육을 하다 보면 스스로를 평범하다고 여기며 불만스러워하는 학생들을 자주 만난다. 그들을 볼 때마다 과거의 내 모습이 떠오르고, 비교의 굴레에서 벗어날 수 있도록 돕고 싶은 마음이 생긴다. 한 대학생에게 이렇게 말한 적이 있다.

> "평범하다는 게 불만스럽게 느껴진다면,
> 아마도 자신을 다른 친구들과 끊임없이
> 비교하고 있다는 뜻일 수도 있어.
> 하지만 다른 친구가 빛나는 자리가
> 너의 자리는 아닐 수 있어.
> 남과 상관없이 너의 장점과 개성으로
> 빛날 수 있는 자리를 찾아보렴.
> 여기저기 너를 심어봐.

예상치 못한 곳에서 너만의 빛을

발견하게 될지도 몰라."

  우리는 각기 다른 속도와 리듬으로 살아가며, 그 자체로 이미 특별하다. 비교를 내려놓은 자리에서만 발견할 수 있는 고유한 빛이 있다. 그 빛은 남을 흉내 낼 때가 아니라, 온전히 나로 살아갈 때 가장 선명해진다.

  누군가를 부러워하는 감정 자체가 잘못된 것은 아니다. 하지만 그 부러움 때문에 스스로를 아끼는 마음마저 잃어서는 안 된다. 나를 사랑하는 첫걸음은 비교의 안경을 벗고 자신을 호기심 어린 눈으로 관찰하는 데서 시작된다. "남들보다 내가 뭘 잘하지?"라고 묻기보다, 이렇게 물어보자.

  나는 무엇을 할 때 가장 나답다고 느껴지지?

Questions for you

1. 주로 어떤 부분에서 다른 사람과 나를 비교하게 되나요?

2. 언제 가장 나다운 모습이 드러나나요? 그 순간 어떤 감정과 에너지가 느껴지나요?

3. 평범하다고 여겼던 내 모습 중에서 주변 사람들이 칭찬하거나 부러워하는 모습은 무엇인가요?

4. 내 이름 앞에 붙일 수 있는 'the'는 무엇일까요? 나만의 고유한 정체성을 표현하는 단어나 문장을 떠올려 본다면 무엇인가요?

5. 내 안의 어떤 모습을 있는 그대로 인정하고 받아들인다면 나를 더 깊이 사랑할 수 있을까요?

언제면
행복해질까?

한 워크숍에서 강사가 '나를 행복하게 하는 것'을 자유롭게 적어보라고 했다. 한 사람은 다섯 가지 정도를 적고 멈칫했지만, 다른 사람은 거침없이 긴 리스트를 적어 내려갔다. 서로의 리스트를 공유하는 시간을 통해 자신을 행복하게 하는 것을 많이 떠올리는 사람과 그렇지 못한 사람 사이에는 분명한 차이가 있다는 걸 발견했다.

- 산책 하는데 산들바람이 불 때
- 더운 날 시원한 커피 한 잔을 마실 때
- 가족들과 저녁을 먹으며 하루 일상에 대해 이야기 나눌 때

- 저녁에 샤워하고 얼굴에 팩을 붙이고 누워 있을 때
- 노랫말이 내 마음과 딱 맞을 때

행복 리스트가 긴 사람은 작고 구체적인 행복 버튼을 많이 가지고 있었다. 반면 리스트가 짧은 사람은 '새 차 구매' '해외 여행' '프로젝트 완료' 같은 크고 드물게 누를 수 있는 버튼 몇 개만 있었다.

이 경험을 계기로 나는 일상의 작은 행복 버튼을 발견할 수 있도록 돕는 행복챙김 교구를 개발하게 되었다. 교구의 핵심 콘텐츠는 '행복 플러그$_{Plug}$'와 '행복 온$_{On}$' 카드다. 전기 플러그를 꽂으면 불이 켜지듯, 우리 각자에게는 행복을 켜주는 플러그가 있다. 어떤 사람에게는 산책, 어떤 사람에게는 나눔, 또 누군가는 성취가 플러그가 된다.

행복챙김 워크숍을 하며 사람들에게 자신의 행복 플러그를 골라보도록 하면 이런 말을 종종 듣게 된다. "이걸 고르는 것만으로도 행복해지네요!" "제가 이걸 좋아하는 걸 잊고 살았어요." "행복하지 않은 게 아니라 행복한 순간을 잊고 살았던 것 같아요."

나를 행복하게 하는 것을 찾기 위해서는 어떤 일을 할

때 내 안에서 어떤 감정이 켜지는지 그 감정의 결을 민감하게 알아차릴 수 있어야 한다. 그래야 산들바람에 미소 짓는 순간을 놓치지 않을 수 있다.

만약 내가 가진 행복 버튼이 적다고 느껴진다면, 일상에서 나를 웃게 하거나 설레게 하는 아주 작은 일들에 조금 더 관심을 기울여볼 필요가 있다. 예를 들어, 하루 중 기분이 좋아졌던 순간, 마음을 따뜻하게 해준 사람, 위로가 되었던 장소 등을 가볍게 기록해보는 것이다. 나의 감정을 잘 관찰하거나 기록하다 보면 행복을 알아차리는 감각도 점점 더 섬세해진다.

행복 플러그를 꽂았을 때 켜지는 행복의 감정도 사람마다 다르다. 누군가에게 행복은 따뜻하고 부드러운 감촉처럼 느껴지지만, 누군가에게는 시원하고 자유로운 바람같은 느낌일 수도 있다. 또 어떤 이에게는 가슴이 두근거릴 만큼 들뜨고 유쾌한 감정일 수도 있다. 행복해지려면 내 행복 플러그가 무엇인지, 그리고 그것이 작동할 때 내 안에 어떤 감정이 켜지는지 아는 것이 중요하다.

우리는 모두 행복해지길 원한다. 하지만 막연히 기다린다고 행복이 찾아오지는 않는다. 전등을 켜기 위해서는 플러그를 꽂아야 하듯, 행복도 스스로 찾아서 켜야 한다. 내게 쉼이 플러그라면 더 많이 쉬고, 창작이 플러그라면 나를 창작의 순간 속으로 초대해야 한다. 행복 플러그를 꽂지 않은 채 '왜 행복이 오지 않을까?'라고 묻는 것은 어리석은 일이다.

다른 사람의 행복 공식은 내 것이 될 수는 없다. 누군가의 기준을 따라가기보다 나만의 행복 조각들을 하나하나 모아 나만의 공식을 만들어보자. 내 일상에서 무엇을 더하고, 무엇을 덜어내고, 무엇을 곱하면 내가 더 행복해질 수 있을까? 작은 행복을 발견하고 챙길 수 있는 사람, 바로 그런 사람이 진정한 행복을 누릴 수 있다.

Questions for you

1. 나를 행복하게 하는 작고 소중한 순간들은 어떤 것들인가요? 그 순간들을 일상에서 얼마나 자주 경험하고 있나요?

2. 그런 행복한 순간에 어떤 감정을 느끼나요? 그 감정을 색깔, 온도, 촉감 등으로 구체적으로 묘사해보세요.

3. 나만의 행복 공식을 만든다면 그 공식에 더하고 싶은 요소와 빼고 싶은 요소는 무엇인가요?

4. 나만의 행복 공식은 다른 사람들과 어떤 점에서 다른가요? 그 안에는 어떤 가치나 선호가 담겨 있나요?

5. 나의 행복을 더 잘 챙기기 위해 일상에서 줄이거나 놓아도 괜찮을 일이나 습관은 무엇인가요?

일을 돌보느라
몸을 돌보지 못하는

지인이 졸음 운전으로 중앙선을 침범하는 아찔한 경험을 했다는 이야기를 듣고 깜짝 놀랐다. 며칠 동안 밤샘 작업을 하느라 잠을 제대로 못 잔 것이 원인이었던 것이다. 사고가 일어날 수 있는 상황을 경험한 건 아니지만, 나 역시 몸을 제대로 돌보지 않은 탓에 몸이 나를 강제로 멈추게 만들었던 순간이 있었다.

컴퓨터 앞에서 오랜 시간 작업하는 일이 많았는데, 좋지 않은 자세로 장시간 일하다 보니 목과 어깨가 점점 뻐근해졌다. 이미 몇 번이나 불편함의 신호가 있었지만 대수롭지 않게 넘겼다. 그러다 통증이 급격히 심해졌고, 두통

까지 겹치면서 도저히 일을 계속할 수 없는 지경에 이르렀다. 모든 일정을 취소하고 병원을 찾았을 때, 의사는 이렇게 말했다. "목 디스크네요. 병은 하루아침에 생기는 게 아니에요. 몸의 신호를 계속 무시하셨나 봅니다."

목과 어깨의 통증, 편두통 치료를 위한 시간과 비용을 감당하고 나서야 그동안 몸이 보낸 신호를 무시했던 내가 얼마나 어리석었는지 깨달았다. 나는 몸을 돌보는 일을 더 이상 미루지 않기로 결심했다.

나는 늘 머리와 몸이 쉴 새 없이 움직이는 사람이었다. 머릿속은 끊임없이 돌아가고, 생각은 꼬리를 물며 멈추지 않았다. 호흡은 얕고 가빴고, 걸음은 늘 빨랐다. 그래서 내가 가장 먼저 시도한 것은 몸의 이완이었다. 호흡을 의식적으로 천천히 깊게 하고, 걸음의 속도를 늦추기 위해 자연 속을 자주 걷기 시작했다.

오늘 아침도 숲을 산책하며

내 몸 구석구석에 선물을 줍니다.

보이는 모든 것을 보느라 지쳤던 나의 시각에

많이 봐도 지치지 않은 자연의 초록 빛깔을 담아줍니다.

많이 쓰지 않아 감각이 무뎌진 나의 후각을
신선한 아침 숲의 냄새로 깨워줍니다.
늘 바빠 걷느라 땅을 잘 느끼지 못했던 나의 발바닥이
대지의 존재를 온전히 느끼게 해줍니다.
사람의 목소리만 듣는 것이 지루했던 나의 청각이
새들의 지저귐을 들으며 즐거움을 찾을 수 있게
해줍니다.
그리고 생각으로 가득 찼던 나의 머리에
신선한 자연의 공기를 한아름 선물하면서
내 안에 고요하고 편안한 공간을 오롯이 만들어줍니다.

산책 후 적어두었던 이 글처럼, 자연과 천천히 함께하는 시간은 내 마음을 부드럽게 풀어주고 에너지를 되찾게 해주었다. 그동안 너무 머리를 혹사했던 나에게 미안한 마음이 들어 머리를 쉬게 할 수 있는 취미도 시작했다. 그림을 그리고, 음악에 맞춰 춤을 추며 사고가 아닌 감각을 만나는 시간을 가졌다. 그러면서 사고가 아닌 느낌으로 사는 나를 조금씩 되찾아갔다.

삶의 속도를 늦추고 몸이 원하는 것을 하자 삶에 대한

만족감이 점차 커졌다. 무엇보다 내 몸과 마음을 돌보려 노력하는 나 자신이 대견하게 느껴졌다.

이후 나는 주변 사람들에게 종종 이런 이야기를 전하곤 한다. "몸이 건네는 말을 무시하면 몸이 언젠가는 파업할 거예요. 그 전에 몸이 애쓰고 있음을 알아차리고 잘 돌봐주세요."

몸이 아프거나 쓰러지는 사건을 겪기 전에는 몸 돌봄의 중요성을 체감하기 어려운 경우가 많다. 하지만 우리의 몸과 에너지는 무한하지 않다. 한계를 넘어서면 내리막길을 달리듯 빠르게 무너질 수 있다. 그래서 더 늦기 전에, 한계에 닿기 전에 몸을 돌보는 것이 중요하다.

몸을 돌보는 일은 헬스장에 다니거나 거창한 다이어트를 하는 것만을 의미하지 않는다. 호흡이 가빠질 때 심호흡 하고, 일을 하다 잠시 멈추고 스트레칭을 하며 몸의 긴장을 풀어주는 것처럼 작은 행동부터 시작할 수 있다. 자연 속에서 산책하며 뇌를 쉬게 하거나, 명상으로 몸과 마음을 이완시켜 주는 것도 좋은 방법이다.

우리 몸은 때때로 아주 작은 목소리로 이렇게 말을 걸어온다. "조금 쉬고 싶어" "여기 좀 불편해" "조금 더 천천히 해줘" 돌봐달라는 몸의 정중한 부탁이다. 평소에 이 작은 몸의 소리에 귀 기울여야 한다. 몸이 조용히 건네는 신호를 미리 알아차리고 그때그때 돌봐주는 것이야말로 나를 진정으로 아끼고 사랑하는 방법이다.

Questions for you

1. 최근 몸이 보내는 신호를 무시했던 적이 있나요? 그때 내 몸은 어떤 신호를 보냈나요?

2. 몸을 가장 혹사하는 순간은 언제인가? 어떤 상황에서 몸을 돌보지 못하는 패턴이 반복되나요?

3. 늘 나를 위해 묵묵히 애써주는 몸에게 감사함이나 미안함을 전한다면 어떤 말을 해주고 싶나요?

4. 건강을 지키기 위해 꼭 해야 한다고 느끼면서도 계속 나중으로 미루고 있는 일이 있다면 무엇인가요?

5. 내 몸과 더 친해지기 위해, 더 다정해지기 위해 어떤 몸 돌봄 습관을 새롭게 가져보고 싶나요?

CH.5

삶의 속도가 너무 빠를 때

빽빽한 일정이어야
안심되는

만날 때마다 늘 지쳐 보였던 지인의 수첩에는 해야 할 일들이 빼곡히 적혀 있었다. 그녀는 일정이 비면 마음이 불안하고, 계획된 일이 취소되면 무엇을 해야 할지 몰라 당황스럽다고 했다. 그래서 오히려 바쁜 삶이 더 편하다고 했다.

그녀는 삶을 끊임없이 채워야 하는 공간으로 보고 있는 듯했다. 빈틈을 채우는 데 익숙한 사람은 빈틈이 보이면 불안해지고, 그 빈틈을 메워야 마음이 놓인다. 그러나 그렇게 계속 채우다 보면 정작 삶을 풍요롭게 해주는 여백이 사라진다.

나는 취미로 그림을 그린다. 처음에는 손바닥만 한 종이에 그림을 그렸는데, 종이 크기가 커지자 고민도 커졌다. 빈 캔버스를 어떻게 채울지 몰라 인물을 괜히 크게 그리기도 하고, 배경을 빈틈없이 메우며 그림을 완성했다. 그런데 완성된 그림을 볼 때마다 중요한 것을 놓친 기분이 들었다.

어느 날 전시회에서 만난 한 풍경 그림이 내 시선을 사로잡았다. 나무들 사이로 자리 잡은 한옥이 여백 덕분에 돋보였고, 마치 그 한옥이 편안하게 쉬고 있는 듯한 인상을 주었다. 그제야 내가 그림을 가득 채우려는 욕심 속에서 여백의 가치를 놓치고 있었다는 것을 깨달았다.

방의걸 화백은 "여백은 그리다가 남은 빈자리가 아니라, 작가의 의도로 설정된 공간이며, 적극적 의미가 부여되는 공간"이라고 말한다. 삶도 마찬가지다. 삶의 여백을 게으름이나 비효율로 본다면 불필요한 시간일 뿐이다. 그러나 삶의 소음을 잠시 내려놓고 진정으로 중요한 것에 귀 기울일 수 있는 시간으로 여백을 바라본다면 어떨까?

무엇보다 여백은 중요한 것을 더욱 돋보이게 한다. 마치 조연이 주연을 빛나게 하듯 말이다. 여백의 가치를 깨닫지 못한다면 우리는 삶을 해야 할 일로 가득 채우며 살아가게 될 것이다.

나도 바쁜 삶이 곧 나의 유능함과 가치를 증명한다고 믿으며 바쁘다는 말을 자랑처럼 내세웠던 적도 있다. 그러나 이제는 바쁜 삶이 결코 자랑거리가 아니라는 것을 안다. 그래서 이제는 의도적으로 내 삶에 여백을 남기고 있다. 좋아하는 취미 생활을 위한 시간, 반려견과의 산책, 공연이나 전시를 보러 가는 시간, 아무것도 하지 않고 푹 쉬는 시간. 이런 여백들이 나를 재충전시키고, 나머지 시간에 더 몰입하게 해준다.

내 삶을 한 장의 그림이라 생각해보자. 지금 내 그림에는 여백이 있는가? 아니면 빽빽하게 채워져 있는가? 여백이 없다면, 나는 왜 시간을 그토록 바쁨으로 덧칠하고 있는 걸까? 혹시 바쁜 삶이 나의 가치를 증명한다고 믿고 있는 것은 아닌지, 쉬는 것에 대한 불안을 느끼는 것은 아닌지, 아니면 열심히 살아야 한다는 강박이 나를 옭아매고 있는 것은 아닌지 그 이유를 조용히 들여다보자.

시간을 바쁨과 빠름으로 가득 채우지 않고, 쉼과 휴식을 위한 공간을 남겨두는 것에는 용기와 결단이 필요하다.

그 용기와 결단은 삶을 더 잘 숨 쉬게 하고, 더 소중히 가꾸고 싶다는 마음에서 비롯된다. 결국 그것은 내 삶을 사랑하는 마음이다.

    이제 삶의 도화지에 의도적인 여백을 남겨보자. 작은 여백 하나에서 시작된 변화가 우리를 진정으로 중요한 것에 집중하게 하고, 새로운 가능성을 발견하게 하며, 쉼과 충전이 있는 넉넉한 삶으로 이끌어 줄 것이다.

Questions for you

1. 나에게 삶의 여백을 둔다는 것은 어떤 의미인가요?

2. 내 일상을 한 장의 그림으로 생각해보면 그 그림에는 여백이 있나요? 아니면 빽빽하게 채워져 있나요?

3. 현재의 삶에서 여백이 가장 부족한 부분은 어디인가요? 왜 그 여백을 두지 못하고 있나요?

4. 언제 가장 편안하고 자유롭다고 느끼나요? 지금 삶 속에서 그런 순간을 자주 누리고 있나요?

5. 삶에 여백을 의도적으로 만든다면 그 시간에 무엇을 하고 싶나요? 여백이 더 많아진 삶은 나에게 어떤 변화를 가져다줄 수 있을까요?

정보 소비와
업데이트로 바쁜

핸드폰이 옆에 없으면 괜히 마음이 불안하다. 한두 시간 핸드폰을 확인하지 못하면 그 사이에 놓친 중요한 전화나 메시지가 있을까 걱정이 된다. 포노 사피엔스Phono Sapiens로 살아가고 있는 우리 모두 공감하는 감정이다. 포노 사피엔스는 스마트폰Smart Phone과 호모 사피엔스Homo Sapiens의 합성어로, 스마트폰을 신체처럼 사용하고 디지털 기기를 통해 사고하고 행동하는 새로운 인간형을 의미한다.

조너선 하이트는 디지털 세계가 우리 아이들에게 미치는

- 최재붕, 『포노 사피엔스: 스마트폰이 낳은 신인류』, 쌤앤파커스, 2019.

해악을 네 가지로 정리했다. 사회적 박탈_{대면 활동이나 상호작용이 줄어듦}, 수면 박탈, 주의 분산, 중독이다.[*] 이는 어른들도 다르지 않다. 스크롤을 멈출 수 없고, 틈만 나면 폰을 들여다보고, 끊임없이 울리는 알림에 반사적으로 반응한다.

우리는 매 순간 쏟아지는 정보 속에서 살아간다. 우리는 점점 더 정보가 던져주는 자극과 최신성에 도취하고, 끊임없는 업데이트 강박에 사로잡힌다. 우리는 더 빠르게 소비하고, 더 많이 연결되려 한다.

소셜 미디어를 하지 않으면 뒤처질 것 같고 사회적 관계를 놓칠 것 같은 두려움 때문에 계속 매달리게 된다. 그 결과 우리는 늘 바쁘고 그 바쁨 속에서 더 불안해진다.

정보에 끌려가지 않기 위해서는 의식적인 선택이 필요하다. 많은 정보, 최신 콘텐츠에 매달리는 순간 계속 우리는 '불안 세대'로 살아가게 된다. 현명한 포노 사피엔스가 되기 위해서는 스마트폰과 소셜 미디어를 주도적으로 사용할 수 있어야 한다. 주도적으로 사용한다는 것은 단순히 사용 시간을 줄이는 것이 아니라, 사용에 대한 통제권을

---

[*] 조너선 하이트Jonathan Haidt, 이충호 역, 『불안 세대: 디지털 세계는 우리 아이들을 어떻게 병들게 하는가』, 웅진지식하우스, 2024.

갖는 것이다.

정보를 소비하기 전에 스스로에게 물어보자. "내가 지금 이것을 왜 보고 있는가?" "이 정보는 정말로 나에게 필요한가?" 내가 필요한 정보, 내가 필요한 목적을 정해놓고 정보를 소비할 때 비로소 우리는 정보에 대한 주도권을 되찾을 수 있다.

우리는 하루에도 엄청난 양의 콘텐츠에 노출되는데 대부분은 내가 선택한 것이 아니라 알고리즘이 선택한 것이라는 사실을 인지할 필요가 있다. 디지털 사용이 주는 도파민은 순간적인 즐거움을 줄 수 있지만 삶에 깊은 만족감과 의미를 주지는 못한다.

정보를 무분별하게 받아들이고 그것을 모두 소화하려고 애쓰다 보면 결국 내 삶의 시간과 에너지가 갉아 먹힌다. 그래서 정보의 홍수 속에서 덜 소비하는 용기, 중요한 것만 선별하는 지혜가 필요하다. 더 많이 알려고 하기보다 더 명확하게 알고자 하고, 더 빠르게 반응하기보다 더 숙고해서 반응하려고 해보자. 정보에 대한 통제력을 되찾는 것은 곧 내 삶의 통제력을 되찾는 길이다.

Questions for you

1. 하루에 얼마나 많은 시간을 정보 소비(뉴스, 영상, SNS 등)에 쓰고 있나요? 그 시간이 적절하다고 느끼나요?

2. 어떤 상황에서 디지털 기기 활용이나 정보 소비에 좀 더 집착하게 되나요?

3. 소셜 미디어를 사용하면서 부정적인 감정을 느낀 적이 있다면, 어떤 상황에서 어떤 감정을 느꼈나요?

4. 스마트폰이나 소셜 미디어를 사용하는 시간이 지금의 절반으로 줄어든다면, 삶에 어떤 변화가 생길까요?

5. 앞으로 정보를 선택하거나 소비할 때, 어떤 기준이나 원칙을 세우면 조금 더 통제권을 가질 수 있을까요?

빼기를 못하는

나는 맥시멀리스트다. 그런데 다행히도 보드게임과 교구를 개발하는 경험 덕분에 맥시멀리스트의 자리에서 조금씩 내려올 수 있게 되었다. 제품을 처음 기획할 때는 수많은 아이디어가 쏟아지고, 교육적 의미와 재미의 다양한 요소를 고민한다. 그러나 테스트를 거치면서 기획자 관점에서 꼭 필요하다고 여겼던 요소도 실제 사용자의 플레이를 방해한다면 과감히 빼야 한다. 그래야 실용적이고 사용하기 편리한 제품이 만들어진다.

처음에는 쉽지 않았다. 그러나 성공과 실패를 몇 차례 경험하면서 적절한 포기의 힘을 배웠고 이를 삶에도 적용하기 시작했다. 덜어내는 과정은 쉽지 않았다. 많은 에너지가 들었고 미련이 남기도 했다. 그러나 덜어냄으로써 비로소 무엇을 남겨야 하는지 더 명확해졌다.

라이디 클로츠는 『빼기의 기술』에서 사람들이 본능적으로 빼기보다 더하기를 선택한다는 실험 결과를 소개한다. 악보의 음표를 수정할 때, 글을 다듬을 때, 요리를 하거나 블록을 조립할 때, 사람들은 대부분 뭔가를 더하려고 하지 빼려 하지 않았다. 그는 성장과 발전을 중시하는 현대인들이 빼기를 상실이나 후퇴처럼 느끼기 때문이라고 설명한다.

흥미로운 점은 빼기가 더하기보다 더 많은 인지적 노력을 요구한다는 사실이다. 덜어내기 위해서는 중요한 것과 덜 중요한 것, 본질적인 것과 부수적인 것 사이에서 선택하고 우선순위를 매겨야 한다. 나 역시 정리와 선택을 위해 에너지 쓰는 것을 피하고 싶어 빼기보다 더하기를 선택하려고 했던 것 같다. 이 사실을 알고 나니 좋은 선택을 위한 인지적 노력을 아끼지 않는 빼기를 잘하는 사람들을 더

---

* 라이디 클로츠Leidy Klotz, 이경식 역, 『빼기의 기술: 본질에 집중하는 힘』, 청림출판, 2023.

깊이 존경하게 되었다.

이것도 해야 할 것 같고, 저것도 놓치면 안 될 것 같고, 이 사람도 만나야 할 것 같은 더하기에 중독된 삶을 살고 있다면 이제 빼기의 기술을 익혀보자. 이는 배움에도 적용된다. 많은 사람들이 배움을 '지식을 더하는 과정'으로 생각하는데, 배움에서도 탈배움unlearning이 반드시 필요하다. 기존에 알고 있던 것을 과감히 버리거나 재조정해야만 새로운 것을 잘 받아들일 수 있다. 낡은 정보를 버리지 않은 채 새로운 정보만 계속 더하다 보면 우리의 머릿속은 유통기한이 지난 음식과 신선한 음식이 뒤섞인 혼란스러운 냉장고가 될 수 있다.

더하기를 선호했던 예전의 나는 교육을 마무리할 때 이렇게 물었다. "배운 것을 실천하기 위해 무엇을 새롭게 하시겠습니까?" 그러나 지금은 이렇게 묻는다.

"배운 것을 실천하는 데 방해가 되는 나의 습관이나 태도는 무엇인가요?"
"그것을 어떻게 덜어낼 수 있나요?"
"지금 삶에서 무엇을 빼야 배운 것을 더 잘 실천할

수 있을까요?"

우리는 종종 변화를 위해 새로운 것을 채우는 데 집중한다. 하지만 진짜 변화는 덜어낼 때 시작된다. 빼기는 단순히 없애는 행위가 아니라, 중요한 것을 선택하고 거기에 집중하는 힘이다. 더 많은 계획, 더 많은 정보를 추가하다 보면 정작 중요한 것이 묻히기 쉽다. 삶을 복잡하게 만드는 요소들을 하나씩 줄여 나갈 때, 우리는 비로소 더 가치 있는 것에 집중할 수 있다.

무언가를 더하고 싶은 충동이 들 때 잠시 멈춰 서서 자신에게 물어보자. "더하는 것보다 빼는 것이 더 나은 전략일 수 있지 않을까?"

Questions for you

1. 그동안 무의식적으로 더하기를 해왔던 영역이나 활동이 있다면 무엇인가요? (예: 일정, 인간관계, 물건, 지식 등)

2. 그동안 빼기보다 더하기를 더 많이 선택했다면, 빼기를 하지 못했던 진짜 이유는 무엇인가요?

3. 놓치면 안 될 것이라고 믿어 왔던 것 중에서 실제로는 빼도 괜찮았던 것은 무엇인가요?

4. 지금 삶에서 빼기가 가장 필요한 영역은 무엇인가요?

5. '빼기의 기술'을 삶에 적극적으로 적용한다면, 어떤 긍정적인 변화가 생길 수 있을까요?

빨리
흐르고 싶어

삶의 속도가 내가 원하는 만큼 빨리 흐르지 않을 때가 있다. 빨리 나아가고 싶은데 뭔가 걸림돌에 막힌 듯한 느낌이 들 때면, 걸림돌이 괜히 원망스럽고 앞서가는 주변 사람들이 더 부럽게 느껴진다. 그럴 때 재미있게 보던 영화나 드라마 중간에 갑자기 광고가 나오는 순간을 떠올려 보면 어떨까? 삶에 Stop 버튼이 눌린 것처럼 느껴질 수 있지만 사실은 Pause 버튼이 눌린 것인지도 모른다.

광고가 불편하면 그 순간을 물 한 잔을 마시거나 스트레칭 하며 잠시 쉬어가는 기회로 삼아볼 수도 있다. 억지로 보게 된 광고 속에서 의외의 재미나 인사이트를 얻기도 한다. 삶의 속도가 늦춰졌다면 지금은 잠시 멈추어야 할 때일지도 모른다.

삶은 본래 자연스러운 리듬을 가지고 있다. 계절이 바뀌듯 삶의 속도와 방향도 달라지며 변화한다. 때로는 멈추어 조용히 기다리고, 때로는 과감히 한 발 내딛는 것. 그것이 흘러가는 인생 속에서 우리가 발휘할 수 있는 지혜다.

Pause의 순간은 누구에게나 온다. 원하지 않는 시기에 그 순간을 만나는 사람이 있는가 하면, 본인의 의지로 Pause 버튼을 누르는 사람도 있다. 그 시간을 어떻게 바라보느냐에 따라 Pause 버튼은 속도를 늦추는 방해꾼이 될 수도 있고, 방향을 점검할 기회가 될 수도 있다.

『비로소, 진정한 나를 살다』의 저자 에노모토 히데타케는 인생이 뜻대로 풀리지 않을 때 가장 먼저 해야 할 일은 Doing행동이 아니라 Seeing관찰이라고 말한다. 마음이 혼란스럽고 답답할 때 우리는 행동을 통해 그 답답함을 해소하려고 한다. 그래서 오히려 더 바쁘게 움직이고 발걸음을 재촉한다. 하지만 에노모토 히데타케는 그런 순간이야말

- 에노모토 히데타케Enomoto Hidetake, 이선화 역, 『비로소, 진정한 나를 살다』, 리파인북, 2023.

로 속도를 늦추고 현재 상황과 자신을 바라보는 Seeing이 필요하다고 강조한다.

Seeing을 잘하기 위해 그는 인생을 강의 흐름처럼 바라보라고 조언한다. 강의 작은 물줄기는 점점 더 넓어져서 결국 바다에 닿는다. 그 여정 속에서 강물은 때로는 빠르게 굽이치고, 때로는 천천히 흘러간다. 흐르다 걸림돌을 만나더라도 방향을 틀어 다시 길을 찾아간다. 우리 삶도 그러하다. 속도와 방향은 끊임없이 바뀌지만, 모든 흐름은 결국 우리의 목적지로 이어진다.

삶의 변화 속에서 중요한 것은 때를 아는 지혜다. 그 지혜는 타인이 아닌 자신의 내면에 귀를 기울이고, 삶의 흐름을 섬세하게 감지할 수 있는 감각에서 비롯된다.

지금 당신의 삶은
어떤 강물처럼 흘러가고 있는가?
물줄기가 빠르고 거센가,
아니면 천천히 졸졸 흐르고 있는가?

물살이 느리다고 불안해할 필요는 없다. 강물은 멈추지

않고 서두르지도 않는다. 그러한 강물처럼 서두르지 않으면서 길을 찾으며 우리가 가야 할 방향으로 흘러가보자.

Questions for you

1. 삶을 돌아보았을 때 Stop 버튼이 눌린 것처럼 느껴졌던 순간이 있었다면 언제였나요?

2. 지금 내 삶의 속도는 빠르게 흘러가고 있나요, 아니면 느리게 머물러 있나요? 이 흐름에 대해 어떤 감정을 느끼고 있나요?

3. 현재 삶의 물줄기를 방해하거나 속도를 늦추는 요소는 무엇인가?

4. 지금 삶의 흐름은 내가 원하는 방향인가요? 그렇지 않다면 어떻게 흐름이 바뀌기를 기대하나요?

5. 내 삶을 강의 흐름처럼 바라본다면 결국 도달하게 될 바다는 나에게 어떤 의미일까요?

지루함을
견디지 못하는

나는 사람들과 교류하고 새로운 자극을 받으며 에너지를 얻는 스타일로, 지루함이라는 상태를 견디지 못했다. 지루해지기 전에 늘 무언가를 찾아 움직였고, 그렇게 지루함을 피하는 데 익숙해져 있었다.

그런 나를 멈춰 세우고 지루함과 직면하게 만든 책이 있다. 『당신은 지루함이 필요하다』이다. 이 책에서 호킨스 박사는 지루함을 "나에게 적극적인 반응을 이끌어 낼 만한 자극이 없을 때 느끼는 감정"이라고 정의한다. 지루

- 마크 A. 호킨스Mark A. Hawkins, 서지민 역, 박찬국 해제, 『당신은 지루함이 필요하다』, 틈새책방, 2018.

함은 본래 부정적인 감정이 아니지만 현대 사회는 그것을 피해야 할 감정으로 간주한다. 그는 바쁨이 지루함을 회피하기 위한 세련된 수단이라고 말한다. 이 책은 '나는 지루함을 피하려고 계속 자극을 추구하고 있었구나'라는 발견과 함께 '나만 지루함을 견디지 못하는 게 아니구나'라는 안도감을 동시에 안겨 주었다.

호킨스 박사는 사람들이 지루함에서 달아나는 이유 중 하나로 '직면하고 싶지 않은 문제를 마주해야 할 것 같은 두려움'을 들었다. '이게 정말 내가 원하는 일일까?' '요즘 내 마음이 왜 불편하지?' '나는 내가 원하는 삶을 살고 있을까?' 이런 중요한 질문을 스스로에게 던지는 것이 두려울 때가 있다. 돌아올 답이 자신의 현재 상태를 흔들어 놓을 것 같은 예감이 들기 때문이다. 그래서 오히려 바쁜 삶을 선택해 이런 생각을 하지 못하도록 차단해버린다.

혹시 현실의 문제를 마주하기 싫어서, 혹은 해야 할 고민을 피하고 싶어 지루함에서 달아나고 있지는 않은가? 쉴 때조차 자극을 찾으며 지루함을 피하려고 하고 있지 않은가? 그렇다면 이제 지루함의 내성을 키워야 할 때이다. 지루함은 분명 불편하다. 그러나 지루함이 불편해서 도망친다면, 우리는 지루함이 선물하는 중요한 성찰과 사유의 기회를 놓치게 된다.

지루함은 외부 자극이 사라지고 소음이 걷힌 고요한 상태다. 그 고요가 낯설고 불편할 수 있지만, 삶의 속도를 늦추고 자신에게 집중할 기회를 준다. 하이데거는 지루함이 우리의 존재 본질과 연결되도록 돕는다고 말했다.

지루함의 진짜 가치는 단순히 시간을 흘려보내는 데 있지 않다. 그 순간은 내가 아닌 다른 사람, 사회적 기준, 외부 자극이 덧칠한 의미를 하나씩 벗겨내고, 나만의 의미를 만들어가는 시간이다. 지루함은 끊임없이 흘러나오는 외부의 소음을 잠시 음소거하고, 진정한 내면의 소리에 주파수를 맞추게 한다. 그런 의미에서 호킨스 박사는 지루함을 "영혼의 훈련"이라고 일컫는다.

이 훈련의 시작은 거창하지 않다. 공원에 앉아 아무것도 하지 않기, 다른 일을 하지 않고 음악만 듣기, 버스 타서 창밖 바라보기, 묵상하기. 이러한 작은 연습이 지루함 안에 머무는 내면의 근육을 키워줄 수 있다. 그러한 시간에 머무는 법을 배울 때, 우리는 비로소 삶을 천천히 바라볼 여유를 갖게 된다. 그 여유 속에서 달려야 할 일과 천천히 걸어도 괜찮은 일, 때로는 멈춰야 할 일을 구분할 수 있게 될 것이다.

Questions for you

1. 평소에 지루하다고 느끼는 순간은 언제인가요?

2. 어떤 감정이 들 때 지루함을 피해 외부의 자극이나 활동으로 달아나려고 하나요? 내가 진짜 피하고 싶은 것은 무엇일까요?

3. 지루함을 피해 반복적으로 찾는 활동이 있다면 무엇인가요? 그중 불필요하거나 오히려 불편한 마음을 주는 것은 무엇인가요?

4. 고요함과 침묵에 더 자주 머무르기 위해 어떤 습관을 만들어보면 좋을까요?

5. 의식적으로 지루함을 마주해보고자 한다면 어떤 행동이나 공간이 그 경험에 가장 잘 어울릴까요?

변화의 문턱에 있을 때

한 방에,
한 번에 잘하고 싶어

언어 학습과 관련된 스티븐 크라센Stephen Krashen 박사의 i+1 이론은 학습자가 자신의 현재 수준(i)보다 약간 높은 단계(+1)의 정보를 접할 때 가장 효과적으로 언어를 습득할 수 있다고 설명한다. 학습자에게 너무 어려운 입력은 좌절을 불러올 수 있기 때문에 적당히 도전적인 수준이 가장 이상적인 학습 조건이라는 것이다.

이 원리는 언어 학습에만 적용되는 것이 아니다. 우리 삶에서 목표를 설정하고 실천하는 일에도 시사점을 준다. 우리는 새로운 결심 앞에서 이렇게 말하곤 한다. "한 달 안에 끝내버리자!" "하루에 5시간씩 집중해서 하자."

그러나 이런 계획은 지나치게 이상적이다. 이는 i+1이 아닌 i+5 혹은 i+10 이상의 수준을 스스로에게 기대하는 셈이다. 처음부터 너무 큰 목표를 세우면 결국 실행하지 못하고 실패하게 되며, 좌절과 자기 비난만 남게 된다. 그래서 새로운 변화를 꿈꿀 때 가장 먼저 내려놔야 하는 것은 '한 방에' '완벽하게' 하려는 욕심이다.

고작 +1이라니, 너무 시시하다고 느낄 수 있다. 그러나 +1의 힘은 우리가 생각하는 것보다 훨씬 크다. 10분 더 일찍 일어나기, 15분 걷기, 한 줄 더 쓰기 같은 작은 실천이 바로 i+1의 원리다. 이처럼 사소한 한 걸음은 오히려 목표에 대한 부담을 덜어주고, 작은 성공으로 성취감을 느껴 꾸준함을 이어가는 추진력이 되어 준다.

한 방을 노리기보다는 사소한 것부터 시작하는 것이 오히려 더 빠르고 확실하게 목표에 도달하는 길일 수 있다. 하지만 i+1 전략이 효과를 발휘하려면 그 전에 반드시 선행되어야 할 일이 있다. 바로 '지금 내 상태' 즉 i를 객관적으로 이해하는 것이다.

목표만 정하면 바로 달릴 수 있다고 믿는 사람들이 있다.

"저는 당장 할 수 있어요."
"매일 그 정도는 너무 쉽죠."
"목표만 세우면 바로 시작할 수 있죠."

자신 있게 말하지만 실제로는 첫걸음도 떼지 못하고 머뭇거리는 경우가 많다. 결심을 하거나 목표를 세웠다고 해서 당장 행동할 준비가 된 것은 아니다. 지금 내 동기와 에너지 수준은 어떤지, 두려움이나 저항은 없는지, 주변 상황은 어떤지 먼저 점검해야 한다.

- 정말 내가 원하는 목표가 맞는가? 그 목표는 나를 실제로 움직이게 할 만큼 충분히 강력한가?
- 내 안에서 느껴지는 저항감이나 두려움이 있다면 그것은 어디서 오는 것인가?
- 지금 시작하기에 내 상황은 어떤가? 나를 도와줄 자원은 무엇인가? 방해가 될 요소는 무엇인가?

출발선이 어디인지 모른 채 적절한 +1 설정은 불가능하다. 먼저 지금의 나를 정확히 바라보고 그 위에 작고 구체적인 +1을 얹을 때 비로소 진짜 변화가 시작될 수 있다.

새로운 일을 시작할 때 i+1을 떠올려보자. 지금 나는 정확히 어디에 서 있는가? 이 자리에서 내 보폭에 맞게 딱 한 걸음 더 나아간다면 어디일까? '완벽한 시작'이 아닌 '가능한 시작'을 선택할 때, 우리는 끝까지 갈 수 있는 힘과 지속성을 얻게 될 것이다.

Questions for you

1. 너무 큰 목표를 세우고 중간에 포기했던 경험이 있나요? 그때 어떤 어려움을 겪었나요?

2. 요즘 새롭게 도전해보고 싶거나 변화하고 싶은 부분이 있다면 무엇인가요?

3. 그 목표를 향해 나아가기 전에, 지금 나(i)의 상태를 점검해본다면 어떤가요? 나는 지금 출발할 준비가 되어 있나요?

4. 그 목표를 향해 한 걸음 더 나아가기 위해 지금 당장 실천할 수 있는 작고 부담 없는 i+1 행동은 무엇인가요?

5. 그 작은 실천을 꾸준히 이어가기 위해 나에게 어떤 환경이나 자원이 필요할까요?

나는 왜 다른 사람처럼
안 될까?

대학생 대상 워크숍에서 자신이 가진 '작지만 강력한 습관'을 소개하는 활동을 진행한 적이 있다. 그중 한 학생의 이야기가 인상 깊게 남아 있다. 그는 '정기적으로 주변 사람들의 안부 묻기'를 자신의 작지만 강력한 습관으로 소개했다.

그는 대학 생활에서 가장 잘한 일이 다양한 사람들을 만난 것이며, 이를 가능하게 한 것이 바로 먼저 연락하고 안부 묻는 습관이었다고 말했다. 한 번 만난 사람이라도 그냥 지나치지 않고 먼저 연락을 하고, 친한 친구나 가족에게는 주기적으로 안부를 묻는다고 했다. 특히 외할머니에게는 매주 한 번은 꼭 안부 전화를 드린다고 했다.

주변 사람들에게 먼저 안부를 묻는 일은 간단해 보이지만, 꾸준히 실천하기는 쉽지 않다. 그러나 안부를 묻는 작은 행동은 다른 사람에게 '내가 당신을 기억하고 있어요' '당신은 나에게 소중한 사람이에요'라는 메시지를 전할 수 있다. 이는 관계를 단단하게 만드는 강력한 힘이 된다.

학생의 이야기를 들으며 내가 가진 작지만 강력한 습관을 떠올려 보았다. 나는 일과 삶의 균형을 지키고 내면의 에너지를 충전하는 것을 중요하게 여긴다. 그래서 오랫동안 실천해온 습관이 있다. 바로 취미 시간을 예약해두는 것이다. 나는 매주 수요일 오전을 취미 시간으로 정해두고 가급적 다른 일정을 잡지 않는다. 그렇게 하지 않으면 내가 좋아하는 일이 쉽게 뒤로 밀리기 때문이다.

관계를 소중히 여기는 학생의 '안부 묻기', 내면의 에너지를 충전하기 위한 나의 '취미 시간 예약하기'처럼 작지만 의미 있는 습관들이 반복되면 결국 우리의 삶이 만들어진다. 습관은 단순한 행동의 반복이 아니라 우리의 가치관과 삶의 방향을 비추는 거울이다. 그 학생의 습관은 관계를 귀하게 여기는 태도를, 나의 습관은 균형 잡힌 삶을 추구하는 마음을 보여준다.

"어떻게 저 사람은 저 일을 저렇게 잘하지?" "왜 나는 안 될까?"라는 생각이 든다면, 스스로에게 먼저 물어보자. 나는 그것을 가능하게 해줄 습관을 지니고 있는가? 작지만 의미 있는 습관들이 나다운 삶을 위한 근본적인 변화를 이끌어낼 수 있다. 내가 진심으로 원하는 삶을 살기 위해 지금 심어야 할 습관의 씨앗은 무엇일까?

중요한 미팅을 캘린더에 적듯 그 습관을 위한 시간을 의도적으로 계획해보자. 시간을 미리 확보하면 하루의 우선순위가 분명해지고, 급하게 쏟아지는 일들에 휘둘리지 않을 힘이 생긴다. 작은 습관을 통해 내가 추구하는 방식으로 살아가기 시작할 때, 삶에 대한 만족감과 행복감은 자연스럽게 따라올 것이다. 나를 더 나답게 만들어줄 작은 습관을 꾸준히 심어보자.

Questions for you

1. 삶을 돌아볼 때 작지만 가장 강력한 영향을 주었던 습관은 무엇인가요? 그 습관이 내게 어떤 변화를 가져다 주었나요?

2. 가장 중요하게 생각하는 삶의 가치는 무엇인가요? 그 가치를 어떤 습관을 통해 실천하고 있나요?

3. 지금 나의 일상에서 내가 원하는 삶의 방향으로 나아가는 데 방해가 되거나 방향과 어긋나는 습관이 있다면 무엇인가요?

4. 내가 꿈꾸는 삶을 살고 있는 사람들은 어떤 습관을 지니고 있나요? 그들의 모습에서 내가 배울 수 있는 점은 무엇인가요?

5. 지금 나에게 필요한 새로운 습관은 무엇인가요? 그 습관을 실천하기 위해 시간을 예약한다면 어떤 요일, 어떤 시간대가 가장 적합할까요?

롤모델이 없어서

부모 교육을 하며 아빠들과 깊이 있는 대화를 나눌 기회가 있었다. 아빠들은 아이에게 다정한 아빠가 되고 싶지만, 그런 아버지를 보며 자라지 못했기에 원하는 모습으로 살아가기가 어렵다고 털어놓았다. 자신의 아버지를 떠올려 보라고 했을 때, 그들은 말없이 밥만 먹어야 했던 딱딱한 식사 시간, 늘 엄하고 차가웠던 말투, 멀게만 느껴졌던 아버지를 떠올렸다. 그리고 자신은 그런 아버지처럼 되지 않겠다고 다짐했지만 어느 순간 아이를 대하는 자신의 모습에서 아버지와 닮은 점을 발견할 때, '나도 결국 똑같아지는구나'라는 생각에 빠지며 깊은 좌절감을 느낀다고 말했다.

하지만 이 좌절을 부정적으로만 볼 필요는 없다. 스스로에게 실망할 만큼 마음이 아팠다는 건, 그만큼 좋은 부모가 되고 싶다는 바람이 컸다는 증거일 수 있다. 부모의 모습을 답습하고 싶지 않다는 인식 자체가 이미 성장의 한 걸음이다. 그 바람과 자각이 있기에 우리는 실수하면서도 멈추지 않고 다시 시도할 힘을 얻게 된다.

그래서 나는 아빠들에게 이렇게 말했다.

> "혹시 따뜻하고 지지해주는 아버지 밑에서 자라지 않아 좋은 아빠가 되지 못할까 봐 두려운 분이 계신가요? 여러분이 그 롤모델의 시작이 되어 주세요. 여러분이 변하지 않으면, 보수적이고 엄격하며 다가가기 어려운 아빠의 모습이 또 한 세대로 대물림될지도 모릅니다. 여러분이 그 고리를 끊고 새로운 챕터를 써 내려가야 합니다."

쉬는 시간에 한 아빠가 내게 다가와 말했다. "대물림이라는 단어에 정신이 번쩍 들었어요. 더 이상 미룰 수 없겠어요. 내가 먼저 달라져야겠다고 마음먹었습니다."

"내가 이런 모습이 된 건 좋은 롤모델이 없었기 때문이야." 이러한 생각은 부모와 자식 관계에만 해당하는 것이 아니다. 우리는 종종 자신에 대해 아쉬움을 느끼는 부분의 원인을 주변 사람들에게 돌리곤 한다. 다른 사람들 때문에 어쩔 수 없었다며 누군가를 탓하며 스스로를 정당화한다. 예를 들어, 회사 선배의 권위적인 태도나 무책임한 행동을 싫어하면서도 '그들도 그랬으니 나도 그럴 수밖에 없다'며 같은 방식으로 행동하는 경우가 있다. 이런 태도는 개인의 성장을 가로막을 뿐 아니라, 공동체의 변화도 어렵게 만든다.

진정한 변화는 누군가 먼저 나서주기를 기다리는 것이 아니라, 내가 직접 변화의 주체가 되는 것에서 시작된다. 부모님이 내게 보여준 모습이 아쉬웠다면, 상사가 모범이 되지 못했다면, 이제 내가 그 모습이 되어 보자. 좋은 롤모델이 없었다면 그 빈자리는 내가 새롭게 길을 내는 가능성의 공간이 될 수 있다. 익숙한 길을 벗어나 새로운 방향으로 나아가는 일은 불편하고 두려울 수 있다. 그러나 그 불편함을 마주할 때 우리는 비로소 남을 따라가는 삶에서 벗어나 스스로 길을 만드는 삶을 살아갈 수 있다.

그리고 우리가 새롭게 만들어낸 길에 대해 누군가는 이렇게 말할지도 모른다. "당신이 먼저 그 길을 내주어서 저도 그 길을 따라 걸을 수 있었어요." 오늘 내가 대물림의 고리를 끊기 위해 시작한 용기 있는 행동이 먼 훗날 누군가에게 고마운 이정표로 남을 것이다. 그러니 좌절하지 말고 지금 하고자 하는 변화의 걸음을 더 힘차게 내디뎌보자.

Questions for you

1. 롤모델이 없어 아쉬웠던 경험이 있다면, 그때 나는 어떤 롤모델을 필요로 했나요?

2. 부모님이나 상사의 모습 중에서 내가 본받고 싶지 않다고 느낀 부분은 무엇이었나요?

3. 그 아쉬운 모습을 바꿀 수 있는 사람이 바로 나라면, 그들과 다르게 어떤 방식으로 행동해보고 싶나요?

4. 닮고 싶다고 느끼는 좋은 롤모델이 있다면 누구인가요? 어떤 점을 닮고 싶나요?

5. 나는 주변 사람들에게 어떤 모습으로 기억되고 싶나요? 어떤 점에서 누군가의 롤모델이 되고 싶나요?

원하는 대로 되지 않아
힘들어

나는 우연의 힘을 믿는 편이다. 우연을 믿게 된 경험도 있었고, 그 믿음을 더 단단하게 만들어준 책들을 만나기도 했다. 그중 하나가 『깊은 인생』*이다. 이 책은 간디, 조셉 캠벨, 마사 그레이엄 등 위대한 인물들이 어떻게 우연을 필연으로 바꾸며 자신의 평범한 삶을 특별한 여정으로 바꾸었는지 다양한 사례를 통해 보여준다.

우연한 사건이 인생을 바꾸는 일은 특별한 사람에게만 일어나지 않는다. 어쩌면 지금 이 순간에도 우연은 우리

---

* 구본형, 『깊은 인생: 평범한 삶이 아주 특별한 삶으로 바뀌는 7가지 이야기』, 휴머니스트, 2011.

삶의 어느 길목에서 조용히 혹은 불현듯 문을 두드리고 있을지도 모른다.

내 삶에도 그런 우연이 있었다. 대학에서 근무하던 시절, '학습 설계와 관리'라는 특별한 수업을 기획해 운영한 적이 있다. 다양한 이유로 대학에 적응하기 힘들어하는 학생들을 돕기 위한 수업이었다. 그 수업에서 나는 학생들의 심리적·학습적 지원을 위해 일대일 학습 코칭도 함께 진행했다.

코칭 중 한 학생이 자신의 꿈 이야기를 들려주었다. 그 친구의 꿈은 보드게임 전문가가 되는 것이었다. 언젠가 보드게임 분야에서 사업을 해보고 싶다며, 자격증도 취득했고 문화센터에서 보드게임 강사로 활동하고 있다고 신나게 이야기했다.

그 학생의 보드게임에 대한 열정은 나에게 흥미를 불러일으켰고, 문득 이런 생각이 떠올랐다. '내가 가진 교육 콘텐츠를 보드게임 형식으로 풀어보면 어떨까?'

나는 그 학생에게 함께 보드게임을 만들어보자고 제안했다. 우리는 매주 만나 교육적 의미와 재미를 보드게임에 잘 녹여내기 위한 아이디어를 구체화했다. 그렇게 완성된 결과물이 바로 교육용 보드게임 '플립'이다.

우연히 시작된 이 프로젝트는 내게 전혀 예상치 못한 새로운 길을 열어 주었다. 플립의 가치를 알아본 한 회사가 라이선스 계약을 제안했고, 홍콩과 대만에 수출되는 기회도 얻었다. 덕분에 나는 홍콩에서 현지 관계자들 대상으로 플립을 안내하는 워크숍을 진행하는 경험을 하게 되었다.

구본형 작가는 우연은 신의 영역일지 모르나, 그 우연 속에서 무엇인가를 깨닫게 되는 것은 인간의 영역이라고 말한다. 우연은 모든 사람에게 찾아온다. 하지만 어떤 사람은 그것을 그냥 스쳐 지나가고, 어떤 사람은 그것을 인생의 전환점으로 삼는다. 보드게임을 좋아하는 한 학생과의 만남은 나에게 그런 우연이었다.

처음에는 그저 새로운 세계에 발을 디딘 느낌이었다. 하지만 '이 일이 내가 좋아하고 잘할 수 있는 일일지도 모른다'는 가능성을 열어두자 우연은 내게 생각지 못한 기회를 하나씩 선물해 주기 시작했다. 2018년에 나는 나의 첫 교육용 보드게임을 개발했고, 지금까지 10종이 넘는 교육용 교구와 보드게임을 전문적으로 기획하고 개발하는 사람이 되었다. 우연을 내 삶에 열어둔 선택은 나를 교육학

자에서 보드게임 개발자라는 전혀 새로운 정체성으로 이끌어주었다.

우연히 베스트셀러 작가가 되고, 우연히 캐스팅되며, 우연히 새로운 직업을 갖게 되는 이야기를 우리는 종종 듣는다. "그 사람은 운이 좋았지"라고 말하곤 하지만 중요한 것은 운 자체가 아니라, 그 운을 어떻게 맞이했느냐이다.

우연한 사건이 운명으로 바뀌는 일은 결국 그 사건과 그것을 경험한 사람 사이의 상호작용의 결과일지 모른다. 우연이 나를 스쳐 갈 때 내가 그것을 어떻게 느끼고 반응하는지에 따라 그 우연이 도약의 기회가 될 수도 있고, 그냥 지나치는 한순간으로 남을 수도 있다.

물론 우연이 언제나 반가운 얼굴로 다가오는 것은 아니다. 때로는 시련이나 고통이라는 얼굴로 찾아올 때도 있다. 그렇기에 우리는 그 고통과 어떤 방식으로 상호작용을 할 것인지 선택해야 한다. 어떤 시련은 '이제는 내려놓아야 할 때'라는 깨달음을 주고, 어떤 고통은 이를 통과함으로써 더 단단해질 기회를 제공하기도 한다.

우연히 만난 사람, 계획에 없던 경험, 예상치 못한 제안은 우리를 생각지도 못한 더 넓은 세상으로 데려다 줄 수도 있다. 삶의 터닝 포인트는 거창하고 극적인 사건만이 아니다. 우연을 그냥 흘려보내지 않고 그 안에서 새로운 가능성을 발견해 낼 때 그 순간이 바로 삶의 전환점이 될 수 있다.

지금 내가 만나는 우연 안에는
어떤 기회가 숨어 있을까?

우연과의 멋진 만남을 기대하며 오늘도 삶 속에서 작은 우연들을 열린 마음으로 맞이해보자.

Questions for you

1. 나에게 우연히 일어난 일 중 삶에 긍정적인 변화를 가져온 경험이 있다면 무엇인가요?

2. 우연한 기회를 놓쳐서 아쉬웠던 적이 있나요? 그때로 돌아간다면 어떻게 반응하고 싶나요?

3. 내 삶에서 계획대로 된 일과 예상치 못했던 일이 차지하는 비율은 어떻게 될까요?

4. 최근에 예상하지 못한 상황을 경험한 적이 있나요? 그때 어떤 감정을 느꼈고 어떻게 대응했나요?

5. 내가 삶을 더 깊고 넓게 경험하기 위해 어떤 영역에서 우연한 기회를 더 적극적으로 받아들이고 싶나요?

이대로 나이 들어도
괜찮을까

최근 웰에이징에 대한 관심이 높아지고 있다. 웰에이징은 단순히 건강하게 오래 사는 것을 넘어 나이가 들어도 삶의 질을 유지하는 과정이다. 세계보건기구WHO는 웰에이징을 "나이가 들면서도 기본적인 필요를 충족하고, 사회적 및 신체적 활동에 참여하며, 나이와 관련된 변화에 적응할 수 있는 기능적 능력을 유지하는 것"이라고 정의한다.

우리나라는 이미 초고령사회에 접어들었다. 통계청 장래인구추계 자료에 따르면 2050년에는 고령 비율이 40%를 넘어설 것으로 전망된다.* 그러나 이러한 인구 구조 변화 속에서 주목해야 할 점은 고령자가 느끼는 삶에 대한 만족도가 점차 감소하고 있다는 사실이다. 나이 든 나는 과연 잘 살고 있을까? 이런 정보를 접하면 자연스럽게 삶의 후반기를 떠올리게 된다.

'웰에이징 디자인'이라는 주제로 워크숍을 진행한 적이 있다. 그때 참여자들이 웰에이징의 주요 요소로 꼽았던 것은 건강, 심리적 안정, 관계, 지속적 성장, 성찰과 통찰, 재정이었다. 흥미로운 점은 '잘 나이 든 어른'을 시각적으로 표현해보자고 했을 때 사람들이 공통으로 떠올린 이미지는 두 가지였다. 바로 편안한 미소와 말투였다.

참여자들이 떠올린 '잘 나이 든 어른'은 잔잔하고 편안한 미소를 지으며, 다른 사람을 존중하고 포용하는 말투를 사용하는 모습이었다. 표정과 말은 한 사람의 내면을 가장 잘 드러내는 요소다. 그 사람의 성향, 인생에 대한 태도, 심리적 상태까지 고스란히 표정과 말에 담긴다. 웰에이징을 위한 여러 준비와 노력이 결국 '어떤 표정과 말투를 가진 사람이 될 것인가?'라는 질문으로 귀결된다는 사실이 인

- 통계청, 〈장래인구추계〉, 2023.12.

상 깊었다.

편안한 미소와 말투는 '마음의 상태'에서 비롯된다. 마음이 편안해야 자연스레 얼굴도 말도 부드러워진다. 『나이든다는 것과 늙어간다는 것』[•]에서는 나이 드는 우리에게 필요한 것은 '노화 방지' 같은 현대적 기술이 아니라 '멋지게 나이 들기 위한 마음의 평정'과 같은 삶의 기술이라고 말한다.

이 책에서 슈미트는 나이 듦을 자연적 의미와 문화적 의미로 나누어 설명한다. 자연적 의미는 시간의 흐름과 한계를 담담히 받아들이는 태도이며, 문화적 의미는 현재 삶을 더 풍요롭게 만드는 정신적 자원을 발견해 나가는 과정이다. 후자는 곧 마음의 평정과 깊이 연결된다.

나이가 든다고 해서 저절로 평정이 찾아오는 것은 아니다. 슈미트는 마음의 평정에 이르기 위한 구체적인 방법 중 하나로 '접촉의 힘'을 이야기한다. 접촉에는 여러 가지가 있다. 손잡기, 포옹, 동물과의 접촉은 물론, 풍경이나 음악과 같은 감각적 접촉, 기도나 독서, 사색처럼 정신적·영

• 빌헬름 슈미트 Wilhelm Schmidt, 장영태 역, 『나이든다는 것과 늙어간다는 것: 마음의 평정에 이르는 10가지 길』, 책세상, 2014.

적인 접촉도 모두 해당한다. 슈미트는 "즐거움을 누리는 것조차도 습관을 통해 보호하고 장려할 수 있다"고 말하며 이러한 접촉을 일상의 습관으로 만들 것을 제안한다.

나이 드는 일은 생각보다 빠르게 다가오며, 지금의 작은 선택과 습관들이 쌓여 미래의 내가 만들어진다. 웰에이징이란 단순히 나이 드는 일이 아니라, 내가 바라는 모습으로 나이 들어가기 위한 삶의 설계다. 내가 적극적으로 디자인하지 않으면 그 모습은 시간의 흐름에 맡겨질 뿐이다.

그래서 그 설계를 지금부터 시작해야 한다. 나이 든 나는 어떤 얼굴을 하고 있을까? 어떤 말투를 가지고, 어떤 태도로 세상을 대할까? 어떤 일상을 살고 있을까? 이런 질문에 답하다 보면 지금부터 무엇을 준비해야 할지 보이기 시작한다.

나이 든 나의 삶에 반드시 담고 싶은 것이 있다면 지금 그것을 삶의 습관에 하나씩 심어보자. 일상의 작은 행동들이 쌓이고 나면, 언젠가 미래의 나는 말할 수 있을 것이다.

"나는 내가 바란 모습으로 잘 나이 들었다."

Questions for you

1. 나이 듦에 대해 진지하게 생각해본 적이 있나요? 어떤 계기로 그 생각을 하게 되었나요?

2. 잘 나이 든 나의 모습을 떠올려보았을 때 어떤 모습이 그려지나요?

3. 지금 이대로 나이 들어간다면 나중에 아쉽거나 후회하게 될 것 같다고 느껴지는 부분은 무엇인가요?

4. 내가 되고 싶은 나의 나이 든 모습을 위해 이미 준비하고 있거나 시작한 일이 있다면 무엇인가요?

5. 웰에이징을 위해 앞으로 일상에서 꾸준히 실천해보고 싶은 작은 습관이나 실천이 있다면 무엇인가요?

에필로그

 이 책을 쓰기로 마음먹었을 때 제목을 'Becoming'으로 정해야겠다고 생각했다. 'Become(되어 가다)'에 진행형 '-ing'가 붙은 이 단어가 내가 지향하는 삶의 태도를 상징적으로 담고 있기 때문이다. 나는 언제나 '되어 가는 중'으로 살아가고 싶다. 여기서 '되어 간다'는 것은 어떤 목표를 이루거나 성취를 달성하는 것이 아니다. 나답게, 의미 있게 살아가기 위해 늘 움직이는 것이다.

 'Becoming'이라는 단어에는 그 과정이 다소 더디더라도 계속되기를 바라는 마음이 담겨 있다. 또한 '이렇게 되어야 해'라는 틀에 나를 가두기보다 나라는 존재와 삶을 더 자유롭고 창조적으로 열어두고 싶다는 바람도 함께 담겨 있다.

 그렇다면 나는 어떻게 그 '되어 가는 삶'을 살아오려 애썼을까? 그리고 어떤 노력이 나름 도움이 되었을까? 또 그런 삶을 잘 살아가고 있는 사람들은 어떤 방식으로 살아가고 있을까? 이런 질문을 품고 나 자신과 주변 사람들을 관찰하며 발견한 중요한 공통점이 있었다. 바로 '의도적 멈춤'과 '의문을 품는 습관'이었다.

우리는 보통 더 잘하기 위해, 더 잘 살기 위해, 멈추지 않고 달려야 한다고 믿는다. 그러나 계속 달리기만 하다 보면 어느 순간 관성에 갇히고 만다. 사고와 행동은 익숙한 패턴에 굳어지고, 변화하는 'Become'이 아니라 고정된 'Be'에 머물게 된다.

고정된 삶에 머무르지 않고, 끊임없이 '되어 가는 삶'을 살아가기 위해서는 삶의 문제를 해결하거나 현재의 삶을 지키려고 애쓰기보다 자신이 진정으로 원하는 삶을 주도적으로 창조하려고 노력해야 한다. 이는 『의미 있는 삶을 위하여』*의 저자 알렉스 룽구가 말한 '문제 해결 지향형'에서 '창조 지향형'으로의 전환과 맞닿아 있다.

그는 문제 해결 지향형 삶에서는 어떤 문제가 생기면 삶

---

* 알렉스 룽구 Alex Lungu, 『의미 있는 삶을 위하여: 의식성장을 통한 진정한 삶의 여정』, 수오서재, 2021.

이 마이너스로 떨어지고, 우리는 그 문제를 해결해 제로$_0$의 상태로 되돌리려 애쓴다고 설명한다. 그러나 이 방식은 늘 마이너스와 제로 사이를 반복하게 만들 뿐이다. 바쁘다는 문제를 해결하려고 하다 보면 결국 또 다른 바쁨으로 이어지게 된다.

룽구는 이런 악순환에서 벗어나기 위해서는 무언가로부터의 자유freedom from만을 생각할 것이 아니라 무엇을 위한 자유freedom to를 생각해야 한다고 말한다. 무엇을 위한 자유를 생각한다는 것은 단지 문제를 피하려는 것이 아니라 내가 원하는 삶의 방향을 스스로 정하고 그 길을 걸어가려는 태도를 갖는 것이다. 그것이 바로 창조 지향적인 삶이다.

그러기 위해서는 지금 내가 반복하고 있는 삶의 방식에 조용히 물음을 던질 수 있어야 한다. 삶에 의문을 품는 일은 새로운 전환의 시작점이 된다. 하지만 그런 의문은 바쁜 일상 속에선 좀처럼 떠오르지 않는다. 오히려 잠시 멈추고 자신을 들여다보는 순간에 '지금 이대로 괜찮은가?'라는 내면의 목소리를 들을 수 있다.

물론 그 물음은 종종 내적 갈등을 동반하고, 그 갈등은 때로 고통을 안겨준다. 그래서 우리는 그 질문을 피하고 싶어지기도 한다. 그러나 철학자 페터 비에리Peter Bieri가 말했듯, 주체적인 인간은 자신에 대한 의구심과 내적 갈등을 피하지 않고 살아가는 사람이다. 확신해온 것들에 스스로 의문을 품고 긍정과 부정의 근거를 탐색하며 자신의 생각에 책임을 지는 사람이다. 그렇게 자신에 의구심을 갖고 질문을 던지는 습관이 결국 삶의 방향을 바꾸는 힘이 된다.

쉬어달리기의 궁극적인 목적은 끌려가는 삶이 아닌 주도적인 삶을 살기 위함이다. 잠시 멈추는 일은 더 나답게 나아가기 위한 숨고르기 과정이다. 숨을 고르며 속도가 아닌 방향을, 성취가 아닌 존재를, 답이 아닌 질문에 관심을 기울일 때 우리는 멈춤을 통해 다시 새롭게 달릴 수 있다. 이제 이 책을 덮는 당신의 삶에도 쉬어달리기를 통한 'Becoming'이 시작되기를 바란다. 그 여정을 진심으로 응원한다.

쉬어 달리기

되어 가는 삶, 멈추어 묻고 답하다

초판 1쇄 발행 2025년 7월 17일

지은이 김지영

책임편집 윤소연 **표지디자인** 공홍
마케팅 임동건 **경영지원** 이지원

펴낸이 최익성 **출판총괄** 송준기
펴낸곳 파지트 **출판등록** 제2021-000049호

주소 경기도 화성시 동탄원천로 354-28
전화 070-7672-1001 **이메일** pazit.book@gmail.com **인스타** @pazit.book

ISBN 979-11-7152-101-2 03180

- 이 책 내용의 일부 또는 전부를 재사용하려면 반드시 저작권자와 파지트 양측의 동의를 받아야 합니다.
- 책값은 뒤표지에 있습니다.

THE STORY FILLS YOU
책으로 펴내고 싶은 이야기가 있다면, 원고를 메일로 보내 주세요.
파지트는 당신의 이야기를 기다리고 있습니다.